JÉRUSALEM
LIVRE DE VIE

COMMUNION DE JÉRUSALEM

24 rue des Tanneries, 75013 Paris

ISBN : 978-2-204-10200-1

Fraternités Monastiques de Jérusalem

LIVRE DE VIE

7e édition revue et corrigée

LES ÉDITIONS DU CERF
24, rue des Tanneries, Paris
2014

Nihil obstat
Paris, le 18 février 1984
C. Chopin

Imprimatur
Paris, le 18 février 1984
Mgr. E. Berrar, v.é.

À vous, frères et sœurs, grâce et paix de par notre Père et le Seigneur Jésus Christ. Ep 1, 2

Qui suis-je, moi, pécheur et mortel, pour vous proposer un « Livre de Vie » dont le but ne saurait être que de nous conduire ensemble à la sainteté ?

Mais comment aussi ne pas accepter, puisque Dieu le veut ainsi, de devenir l'instrument inutile Ac 9, 15 ; Lc 17, 10 dont il a toujours aimé se servir, pour essayer de traduire en termes appropriés notre règle de vie, à partir du moment où il nous est apparu ensemble que cela était nécessaire et bon, *ainsi que nous l'enseignent, en Notre Seigneur, l'exemple des saints et la raison* [1].

Ce n'est donc pas sans crainte ni tremblement que je me suis mis à l'écoute de l'Esprit Saint et au travail, fort du sentiment que je n'avais rien à donner de moi-même, mais tout à recevoir de Dieu pour, simplement, l'ordonner, conformément à notre marche et à notre aujourd'hui, soutenu par votre confiance et votre prière à toutes et à tous, dont j'ai senti si clairement la force et la profondeur tous ces jours durant. Jours où, dans la solitude, la prière et le silence, j'ai essayé de recevoir, à genoux, de l'Écriture et de la Tradition, ce que Dieu a lui-même déjà mis en nos cœurs et en nos vies. Dt 30, 14

1. S. IGNACE DE LOYOLA, Prologue des *Constitutions*, 1.

C'est pourquoi j'ai cherché, le plus possible et tout du long, à ne rien dire d'autre que ce que le Seigneur nous a déjà révélé et commandé, en m'appuyant sur la Sainte Écriture, le souvenir vivant du Christ, la voix intérieure de l'Esprit qui conduit et éclaire tout, et sur ce que, depuis des siècles, l'Église pratique et enseigne. À partir aussi de ce que nous avons déjà pu expérimenter et vérifier ensemble.

Pour cela, il m'a paru qu'il était bon de nous rappeler sans cesse la raison fondamentale et la référence essentielle à partir desquelles, concrètement, tout s'ordonne ; en le fondant, à la fois, sur le grand Exemplaire trinitaire et le Visage du Christ, référence parfaite de toute vie de charité, de prière, de travail, de silence, d'accueil, et modèle unique de pauvreté, de chasteté, d'obéissance, d'humilité, de joie...

Nécessaire et bon également, d'appuyer tous ces appels sur ce que tant de saints moines et moniales et tant de Pères dans la foi ont déjà pu écrire ou vivre dans le même sens et pour le même but ; et, le plus possible aussi, en référence à la Vierge Marie à qui nos Fraternités sont consacrées.

Concrètement, c'est le tutoiement qui m'a paru pouvoir traduire au mieux (ou au moins mal) un dialogue à la fois direct, simple et personnel ; non pas entre moi-même et chacun de vous, mais entre le Seigneur parlant directement, simplement et personnellement à chacun et à chacune de nous, comme dans la plupart des règles monastiques, ainsi que dans le dialogue biblique et liturgique.

C'est pourquoi, volontairement, j'ai mis peu de guillemets, mais, par contre, inscrit en marge ou en bas de page toutes les références, pour mieux dire ainsi ce qui venait de Lui, et pour que l'on puisse, autant que l'on voudra, s'y reporter.

Il nous revient à présent de recevoir ensemble ce Livre de Vie qui est, plutôt qu'une règle à proprement parler, un tracé spirituel donnant les grandes orientations fondamentales de notre route, assez précis cependant pour guider communément notre marche et rythmer harmonieusement notre vie. De le prier, de l'accueillir et de le pratiquer avec autant d'humilité que de vérité, de ferveur que d'obéissance.

Une règle vaut, non par ce qu'elle proclame mais par ce que l'on en vit.

Une belle règle non vécue reste lettre morte.

Une règle imparfaite, bien vécue, devient Esprit et Vie. Ce ne sont pas les auditeurs de la Loi qui sont justes devant Dieu mais les observateurs de la Loi. Rm 2, 13 Lc 11, 28

Que Dieu me pardonne donc en ce Livre de Vie, ce qui peut y être imparfaitement écrit ou pensé, et qu'il nous donne à tous la grâce de le prendre réellement et parfaitement en compte ; d'ajouter, par la perfection de notre vie, à l'imperfection de cet écrit. De manière à servir, non plus dans la vétusté de la lettre mais dans la nouveauté de l'Esprit. Rm 7, 6

La grâce du Seigneur Jésus soit avec vous.
Je vous aime tous dans le Seigneur Jésus. 1 Co 16, 23-24

FRÈRE PIERRE-MARIE

Paris, le 29 juin 1978

Fraternités

1. Amour

Aime. 1

Accueille de tout ton être l'amour que Dieu te
porte le premier. Reste à jamais ancré dans cette 1 Jn 4, 19
certitude, seule capable de donner sens, force et
joie à ta vie : son amour pour toi ne s'en ira pas,
son alliance de paix avec toi ne sera pas ébranlée. Is 54, 10
Les dons et l'appel de Dieu sont sans repentance. Rm 11, 29
Il a gravé ton nom sur les paumes de ses mains. Is 49, 16

Que ton âme, jour et nuit, soit remplie de cette Ps 118, 55.57
présence aimante du Seigneur, et tu vivras. Fort de Is 26, 9
la joie de cette habitation divine en toi et de la puissance de cet amour, tu ne faibliras pas.

Si tu conserves fidèlement, comme Marie, ce Lc 2, 19
souvenir en ton cœur, Dieu, pas à pas, t'envahira, te construira, t'unifiera. L'accueil incessant de son amour est ton premier devoir de consacré.

Fort de cette grâce, aime à ton tour le Seigneur, 2
qui t'a créé à son image et comme sa ressemblan- Gn 1, 26
ce, de tout ton cœur, de toute ton âme, de toute ta
force et de tout ton esprit. En un mot, de toute ta Lc 10, 27
personne et de toute ta vie. Dans cette totalité d'amour sans partage consiste toute ta vocation monastique.

Sachant en effet qu'il t'a aimé par le don de toute sa vie, tu ne peux l'aimer en retour que par le don de toute la tienne. Il t'a tellement aimé en
Jn 3, 16 te donnant son Fils unique que tu choisis de lui répondre librement par le don de ta vie unique. Ainsi, cette offrande de tout ton être à l'Amour par amour t'invite-t-elle à accepter de tout perdre
Ph 3, 8 afin de gagner le Christ. Tu apprendras par là que *tout n'est rien et que rien est tout* [1]. Car si tout est
1 Co 3, 23 à toi, tu es au Christ et le Christ est à Dieu.

Ainsi seras-tu moine ou moniale en n'ayant *de regard que pour Dieu seul, de désir que pour Dieu seul, d'application qu'à Dieu seul et, ne voulant servir que Dieu seul, en paix avec Dieu, tu deviendras cause de paix pour les autres* [2].

3 Si toute ta vie est l'accueil libre et joyeux de son amour et la quête laborieuse et patiente de son visage, seul avec le Seul, tu seras comme un vrai fils devant lui et, dans ton cœur, l'Esprit de son
Ga 4, 6 Fils unique criera : *Abba*, Père !

Ga 4, 9 Maintenant que tu as connu Dieu ou plutôt qu'il t'a connu, si tu l'aimes, garde sa Parole et le Père
Jn 16, 27 t'aimera, et Dieu-Trinité viendra en toi et fera
Jn 14, 23 chez toi sa demeure.

Tu pourras dire alors que ce n'est plus toi qui vis
Ga 2, 20 mais Dieu qui vit en toi et tu seras tabernacle vivant de sa présence. Véritablement consacré.
1 Co 3, 17 Car ce temple est sacré et ce temple c'est toi.

---

1. Voir S. Jean de la Croix, *Montée du Carmel,* trad. M. Marie du Saint Sacrement ; dans *Œuvres complètes*, Éd. du Cerf, 1990, p. 259.
2. S. Théodore Studite, *Petite Catéchèse*, éd. Harduini, Paris, 1981, p. 142-143.

Tout ce que tu auras à faire dans la vie monastique sera pour te conduire jusque-là. Dieu qui est
Feu dévorant veut te consumer tout entier en son He 12, 29
Amour. Que ces paroles que le Seigneur te dicte
aujourd'hui restent dans ton cœur. Fais cela et tu Dt 6, 6
vivras. Lc 10, 28

Aime tes frères et sœurs. 4

Suis la voie de l'amour à l'exemple du Christ. Ep 5, 2
Tu ne peux prétendre, en effet, aimer Dieu que tu ne vois pas si tu n'aimes pas le frère ou la sœur
que tu côtoies. 1 Jn 4, 20

La charité étant la Loi en sa plénitude, l'exi- Ga 5, 14
gence de l'amour fraternel devient dès lors le résumé de toute ta vie monastique comme elle
l'est de la Loi et des Prophètes. À chaque instant Rm 13, 10
interroge-toi donc sur l'amour, puisque tu seras *jugé sur l'amour*[3].

Parce qu'au ciel nous aimerons seulement, éter-
nellement, pleinement et que le moine veut antici- 1 Jn 4, 16
per le Royaume ;

parce que Dieu est amour comme Jésus nous l'a Rm 5, 8
prouvé et que le moine cherche à imiter le Christ ; Jn 15,12.13

parce que le premier commandement est d'ai- Mc 12, 29
mer et que le moine obéit à Dieu en ne faisant que sa Volonté ;

aime sans relâche, sans partage et sans murmure. Que le Seigneur te fasse croître et abonder
dans l'amour envers tous. 1 Th 3, 12

---

3. S. Jean de la Croix, *Paroles de lumière et d'amour*, n° 58 ; OC, p. 276.

Une fois pour toutes t'est donné ce court précepte :

Aime et fais ce que tu veux.
Si tu te tais, tais-toi par amour.
Si tu parles, parle par amour.
Si tu corriges, corrige par amour.
Si tu pardonnes, pardonne par amour.
Aie au fond du cœur la racine de l'amour.
De cette racine il ne peut rien sortir que de bon [4].

5 Accepte cependant de reconnaître que ta sponta-
Rm 7, 18-20 néité est mauvaise. Avec lucidité, vois que le fond
de ton être est égocentrique, égoïste, jaloux,
agressif, captatif, et que le diable est là, accusa-
Ap 12, 10 1 P 5, 8 teur de tes frères, cherchant toujours qui dévorer,
Mt 13, 25 semeur, dans la nuit, de zizanie.

Pour t'ouvrir à l'amour, tu devras donc sans cesse t'arracher au non-amour. Sans ce premier préalable de l'humilité et de la conversion tu ne saurais jamais aimer.

Tu aimeras d'autant mieux tes frères et sœurs
Lv 19, 18 que tu sauras t'aimer toi-même.

Si tu es unifié, tu seras unifiant ; si tu es pacifié,
tu seras pacifiant. Aime-toi humblement et fière-
ment de l'amour dont Dieu t'aime et, à partir de
Lc 10, 27 là, aime ton prochain comme toi-même. C'est le
second préalable à l'amour du prochain.

Lc 9, 23-27 Aime-toi jusqu'à l'oubli de toi.

Il y a l'amour qui reçoit, l'amour qui partage, l'amour qui donne, l'amour qui se donne et enfin

---

4. S. Augustin, *Commentaire de la Première Épître de saint Jean*, VII, 8 ; trad. P. Agaësse, SC 75, 1961, p. 329.

l'amour qui s'immole. Moine ou moniale, Dieu Jn 15, 13
t'attend jusque-là. Si tu peux dire un jour que tu ne *te recherches plus*, tu mèneras *la vie la plus heureuse que l'on puisse voir*[5] et l'amour de Dieu à travers toi transparaîtra. C'est le troisième préalable à l'amour des autres.

Demande chaque jour à Dieu de déverser en ton 6
cœur l'amour pour tes frères et de mettre en leur Rm 12, 5.10
cœur de l'amour pour toi. Dieu ne peut rien refuser à une communauté qui le prie ainsi, car telle Mt 18, 19-20
est sa volonté que nous nous aimions les uns les autres comme il nous a aimés. Jn 15, 12.17

Là *où il n'y a pas d'amour, mets de l'amour et tu récolteras de l'amour*[6]. La susceptibilité est le pire ennemi de la charité, l'humilité son meilleur Ph 2, 2-3
allié. Dans un conflit, sois assez intelligent et saint pour céder le premier et ne perds jamais l'union profonde avec tes frères par des chamailleries sur des détails. Tu peux avoir le droit de te mettre en colère, mais tu as le devoir de ne pas laisser le soleil se coucher sur ta colère. Fais-toi Ep 4, 26
chaque jour une exigence ferme de prier pour tes frères. Prie pour aimer et aime en priant, et la 1 Th 3, 12-13
grâce de son amour pourra passer.

Reçois l'appel à l'amour fraternel comme l'ou- 1 Jn 4, 7-8
verture à un grand mystère, car c'est par lui que tu entreras dans l'être même de Dieu. Là où est l'amour, est Dieu. Ainsi, avec tes frères, tu donnes 1 Jn 4, 16
corps à Dieu, tu traduis sa présence, tu signifies

---

5. Thérèse de Lisieux, *Conseils et souvenirs*, Éd. du Cerf - Desclée de Brouwer, 1973, p. 105.

6. S. Jean de la Croix, Lettre 47 à Marie de l'Incarnation, 6 juillet 1591 ; OC, p. 1598.

son action. Que ta communauté tout entière
Jn 13, 35 devienne par là théophanie de son Amour.

7 Pour traduire cet amour en acte et véritable-
1 Jn 3, 18 ment, tu vivras le partage. Partage du temps, de la
table, du toit, des salaires et des biens. Ne garde
rien par-devers toi, pour être riche un jour, comme
2 Co 8, 9 le Christ, de tout ce que tu auras donné. Qu'à
chaque membre de la communauté, tu puisses
Lc 15, 31 dire, toi aussi : tout ce qui est à moi est à toi.

Ta marche vers le Christ n'est pas une aventure
Ac 4, 32-34 solitaire mais communautaire. Cet engagement
commun t'invite donc aussi à l'écoute mutuelle,
l'encouragement réciproque, la conversion frater-
1 Co 13, 7 nelle, dans la solidarité du même don.

Portez les fardeaux les uns des autres et vous
Ga 6, 2 accomplirez ainsi la Loi du Christ. En toute humi-
lité, douceur et patience, supportez-vous les uns
Ep 4, 2 les autres avec charité.

Sois attentif aux frères et aux sœurs malades, de santé fragile ou avancés en âge. Ils ont particulièrement besoin de ton affection fraternelle et de ta prière. Ils sont une richesse dans ta Fraternité car ils portent en eux une toute spéciale image du
Mt 25,26 Christ : J'étais malade et vous m'avez visité.

Du point de détail à l'engagement le plus fonda-
mental, tu entres donc en Fraternité pour tout par-
Ac 2, 44-45 tager et ainsi former avec tes frères le Corps
vivant du Fils unique. Ainsi, nous, à plusieurs,
nous ne formons qu'un seul corps dans le Christ,
Mt 25,26 étant, chacun pour sa part, membres les uns des
Rm 12, 5 autres. Si tu veux et si tu vis cela, la joie d'un tel
partage effacera alors pleinement en toi le souve-
Jn 16, 21-23 nir de tous les sacrifices.

Avec tes frères et tes sœurs, pourvus de dons 8
différents selon la grâce qui leur a été donnée, vise Rm 12,6
à construire l'unité dans le respect des diversités. 1 Co 12,5-11
Mais n'oublie jamais que la montée vers l'unité
est laborieuse, et facile la pente vers les diversités.
C'est à partir d'une unité forte que tu inventeras
des diversités vraies. Ep 4, 3-13

Pour que l'unité ne soit pas un amalgame
informe ou une conformité disciplinaire, et la
diversité un individualisme égoïste ou une fantai-
sie hétéroclite, demande à Dieu-Trinité de te révé- Jn 17, 21
ler le secret de son Unité dans la Pluralité.

Que l'unité de ta Fraternité dise l'amour partagé. Jn 17, 23

Que la personnalité affirmée de chacun de tes
frères dise la liberté assumée. *Si tu pries, étu-
dies ou travailles, réjouis-toi de ce que l'autre
travaille, étudie ou prie pour toi* [7]. Tout cela
c'est le seul et même Esprit qui l'opère, distri-
buant ses dons à chacun en particulier comme il
l'entend. 1 Co 12, 11

Pour parvenir à aimer, sois transparent. 9

Laisse-toi connaître et cherche à connaître. La
connaissance ouvre nécessairement à l'amour. Par Jn 10, 14-1
l'ouverture de ton cœur, de tes agissements et de
tes pensées, tu apprendras au mieux à coïncider
avec tes frères et à déjouer les pièges du Malin : il
ne s'agit pas d'être dupe de Satan. N'ignore pas 2 Co 2, 11
ses desseins. Celui qui agit dans la vérité vient à
la lumière. Jn 3, 21

7. PSEUDO-MACAIRE, *La Vie cénobitique*, 3e homélie, PG 34, 467.

Sois assez humble pour te laisser regarder en
Ga 6, 1-10 vérité, et assez miséricordieux pour voir sans
condamner. Au prix de ce double effort, tu verras
comme il est bon et doux d'habiter en frères tous
Ps 132, 1 ensemble.

Qu'à jamais, médisances, murmures, jalousies
Jc 3, 2-10 soient exclus de ta bouche et de ton cœur. *Fuis
les mesquines controverses entre frères ; rien ne
divise autant que les continuelles discussions
pour tout et pour rien. Sache au besoin les arrêter.
Refuse-toi à écouter des insinuations sur tel ou tel
frère. Sois ferment d'unité* [8]. Qui dénigre en secret
son prochain, celui-là je le fais taire... Point de
Ps 100, 5.7 place en ma maison pour le faiseur de tromperie.

Ne dis jamais rien ou n'écoute rien sur un frère absent que tu ne lui aies déjà dit ou ne sois disposé à lui redire en toute clarté.

Ep 5, 8-9 Et prie pour que ta Fraternité monastique tout
entière soit translucide à la présence du Verbe
Ph 2, 15 comme un foyer de lumière et une icône vivante
de la Trinité.

10 Ne te lasse jamais de pardonner, afin de ne pas
Col 3, 13 ; Ep 4, 27-32 donner prise au diable. Du fond du cœur, spontanément, sois miséricordieux et compatissant. Le
Lc 6, 36 Mt 6, 12 Seigneur t'a pardonné à longueur de journée ; dans
le silence de ton âme, fais donc de même, inlassa-
Lc 17, 3 ; Mt 18, 35 blement, et de tout ton cœur.

Si tu as plus précisément contre l'un ou l'autre
Col 3, 13 quelque sujet de plainte, va sans tarder te réconci-
lier avec lui par un pardon mutuel en seul à seul ;
si cela ne suffit pas, confie-le aux prieurs qui ver-

8. *Règle de Taizé*, Presses de Taizé, 1966, p. 47.

ront avec toi comment agir et te réconcilier ce
frère ; si cela ne suffit pas, fais-le en présence de
quelques frères ; puis, parles-en à la communauté ; Mt 18,15-18
que tous ensemble alors se confient à la miséri-
corde de Dieu et au jugement de l'Esprit Saint.

Si quelqu'un ne voulait pas profondément aimer
et pardonner, qu'il n'entre pas ou ne reste pas Mt 5, 46-48
dans la vie monastique.

Dans la liberté de ta conscience, reçois la grâce
du sacrement de pénitence auprès de ton confes- Jn 20, 23
seur et en accord avec ton prieur. Tu ne peux avan-
cer sur le chemin de la perfection sans le soutien
d'un père spirituel.

Chaque semaine, avec tes frères, devant Dieu,
vis la grâce du pardon mutuel conformément à la
parole de l'apôtre nous invitant à confesser nos
péchés les uns aux autres. Ce pardon communau- Jc 5, 16
taire soudera la Fraternité et fera grandir chacun
dans la lumière et la vérité. Col 3, 13

Chaque fois que l'occasion te sera proposée,
accepte de vivre avec tes frères l'exhortation fra-
ternelle qui sera pour toi grâce d'encouragement
et appel à la conversion.

Ne te contente pas de te dire frère de tous : sois 11
aussi l'ami de chacun. Fais de chaque frère un ami Col 3, 12
sans que ce soit pour autant ton ami. C'est à cela
que le Christ nous invite en ne nous appelant plus
serviteurs mais amis. L'amitié vraie épanouit, Jn 15, 15 ; Lc 12, 4
libère, dynamise et grandit. L'amitié par trop Si 6, 14-17
naturelle ou particulière, par contre, rapetisse,
divise, alourdit. Cultive celle-là et garde-toi fer-
mement de celle-ci.

Par-dessus tout vis la communion. Telle est la source dont nous vivons, élus en lui dès avant la
Ep 1, 4 création du monde, et le terme de l'appel qui nous
Col 3, 15 a rassemblés en un seul Corps. Au cœur de ce monde éclaté, que l'unité des charismes construise l'harmonie d'un temple saint et que la diversité des membres forme la cohésion d'un Corps unique.
Ep 2, 21 ; 4,16 Revêtu de la charité en qui se noue la perfection,
Col 3, 14 tu seras alors avec tes frères, avec tes sœurs, au cœur des villes, le signe heureux de la communion fraternelle et, par là même, pur rayonnement de Dieu. Telle est la gloire qu'en partage il t'a
Jn 17, 22 donnée.

Qu'à ce signe, le monde où nous sommes et dont nous ne sommes plus, nous reconnaisse pour ses disciples : à cet amour que nous aurons les uns
Jn 13, 34-35 pour les autres.

2. *Prière*

Prie. 12

Comme Jésus priait, prie toi aussi. Lc 11, 1

Toute sa vie était orientée vers le Père, incessante offrande, écoute, hymne intérieur d'adoration, d'amour, d'action de grâce et perpétuelle
intercession pour les hommes. Par la prière, il Jn 10, 38
était si unifié et si uni à Dieu qu'il pouvait dire
être dans le Père et le Père en lui. En ce sens, il Jn 14, 10-11
demeure le moine parfait et donc pour toi l'unique Jn 16, 32
modèle.

Plus visiblement, il a choisi des lieux et des moments privilégiés pour rendre encore plus intense et manifeste sa prière : au Temple, sur la montagne, au désert, à l'écart, ou simplement quelque part au hasard de la journée et de la route. Autant le jour que la nuit, seul ou avec ses disciples, il priait[1].

Par cette relation d'amour incessante et à travers ces temps et lieux privilégiés s'est épanouie sa vie

1. Références bibliques de ce paragraphe, successivement : Lc 2, 41 ; Mt 21, 12 ; Jn 2, 14 ; Mt 5, 1 ; Lc 6, 12 ; Lc 9, 28 ; Mc 3, 13 ; Mc 1, 45 ; Lc 5, 16 ; Mt 14, 13 ; Lc 11, 1 ; Lc 6, 12 ; Mt 26, 36 ; Lc 9, 18 ; Lc 3, 21.

Jn 12, 45-46 filiale et a rayonné la lumière de sa Sainteté. En le
Jn 14, 9 voyant, on pouvait voir le Père.

Toi donc, frère ou sœur, qui es ainsi le fils ou la
fille du même Père, si tu veux savoir comment,
Ga 4, 6 pourquoi, où et quand prier, regarde Jésus et,
Mt 26, 38 ; 40-41 inlassablement, fais comme lui, car lui seul peut
Lc 11, 1 t'apprendre à prier.

En t'appelant à la vie monastique, il t'invite à te
consacrer entièrement à cette œuvre essentielle
Mc 10, 28 pour laquelle tu as accepté de tout quitter. En
devenant moine, tu choisis de faire de ta vie une
1 Th 5, 17 prière et de la prière ta vie. *Toute la fin du moine
et la perfection du cœur consistent en une persé-
vérance ininterrompue dans la prière* [2].

13 Le maître d'œuvre de ta vocation à la prière,
Jn 16, 13-14 c'est l'Esprit Saint. Même si tu ne sais que
demander pour prier comme il faut, l'Esprit lui-
Rm 8, 9 ; même viendra au secours de ta faiblesse, intercé-
8, 26 dera pour toi, et t'apprendra à prier comme il
convient.

Crois que l'amour de Dieu a été répandu dans
Rm 5, 5 ton cœur par le Saint Esprit qui te fut donné, et
qu'ainsi tu n'es plus esclave mais fils, fils et donc
Rm 8, 17 héritier de par Dieu de toutes les promesses de la
Jude 20 gloire divine. Toi donc quand tu pries, prie dans
1 Th 5, 19 l'Esprit Saint. N'éteins jamais en toi l'Esprit
Lc 11, 13 Saint. Le Père ne peut te le refuser si tu le lui
demandes.

C'est par la prière que tu rencontres Dieu,
l'écoutes, lui parles, accueilles son amour et lui
Mt 6, 6 réponds.

---

2. JEAN CASSIEN, *Conférences* IX,2 ; trad. E. Pichery, coll. Sources Chrétiennes (SC) 54, 1958.

C'est par la prière que tu parviens à te connaître Jn 3, 21
et à te construire toi-même, que tu éclaires ta 1 Th 5, 5
route et fortifies ton cœur.

C'est par la prière que tu comprends et ren- Ep 5, 9
contres au mieux les hommes, que tu les aides au
fond du cœur et atteins dans ce monde la suprême Mt 7, 7 ; 21, 22
efficacité.

Pour Dieu, pour le monde et pour toi, veille
donc et prie sans cesse. Il n'est pas de tâche plus Lc 21, 36
belle qu'il soit donné à l'homme d'accomplir que
la contemplation. Lc 10, 42

En choisissant de prier au cœur des villes, tu veux 14
signifier que ta vie est au cœur de Dieu. Tu n'as pas Ac 2, 46
épousé le monachisme citadin au titre de la solida- Jn 18, 20
rité, de l'apostolat ou même du témoignage, mais
d'abord pour contempler Dieu gratuitement et inces-
samment, dans sa plus belle image qui est, avant la Gn 1, 27
solitude, la montagne, le désert ou le Temple, la cité Ez 48, 35
des hommes, visages du Visage de Dieu et reflets de
l'Icône du Christ. Moine et moniale de Jérusalem, tu Ps 134, 21
es au cœur de la Ville-Dieu. Is 60, 14

Tu n'as pas cependant choisi de séparer la prière
et la vie, mais de les unifier. De porter ta prière
dans la ville et d'accueillir en ta prière la ville. De Is 62, 5
vivre le lien entre l'action et la contemplation, le
travail et la contemplation, la rue et la contempla- 1 Co 10, 31
tion. Comme Jésus, Marie, les Apôtres et tant de Lc 2, 51-52
moines l'ont fait. Que leur exemple reste ton espé-
rance et ton soutien.

Tu sais que la prière est difficile. C'est le lieu 15
par excellence de la gratuité, le domaine de l'invi- Lc 18, 1
sible, souvent de l'insensible, de l'incompréhen-

sible, de l'ineffable, de l'inattendu. Pour toi aussi, il sera *dur d'aimer un Dieu dont tu n'as pas vu le visage* [3]. Aussi ta prière sera-t-elle un combat jus-
Ep 6,13 qu'au dernier soupir [4]. C'est en ce sens que Dieu a armé tes mains pour la bataille et t'a couvert la
Ps 143, 1 tête pour le jour du combat. Combats donc le bon
Mt 10, 34 combat de la foi, conquiers la vie éternelle à laquelle tu as été appelé et en vue de laquelle tu as
1 Tm 6, 12 fait ta belle profession de foi monastique.

Ne mets pas ton bonheur et tes délices en ce que tu peux entendre ou sentir de Dieu dans la prière mais plutôt en ce que tu ne peux ni sentir ni entendre... Dieu est toujours caché, difficile à trouver. Continue à le servir ainsi caché dans le secret, lors même que tu croirais le trouver, le sentir ou l'entendre. Moins tu comprendras, plus tu t'approcheras de lui [5]. La prière te révélera que Dieu est
Ex 3, 14 toujours le Tout-Autre et toi, toujours en deçà.

Elle te dira aussi qu'il est *plus intime à toi-même que toi* [6]. Après le passage au creuset et comme à tra-
1 Co 3, 15 Mt 7, 14 vers le feu, avançant par la porte étroite où tu ne peux rien emporter, entre dans le lieu de ton cœur profond
Mt 6, 1 ; Si 7, 5 qui contient celui que l'univers ne contient pas.

Ainsi, dans la prière, trouveras-tu la paix, la
Jn 14, 27 ; 15, 11 lumière, la joie. Elle sera source de ton amour et force de ta vie. Pour éclairer ton intelligence, prie. Pour discerner ta route, prie. Pour unifier ton être, prie. Pour illuminer ton visage et réjouir ton cœur,
2 Co 3, 8 prie. Pour t'incorporer au Christ, prie : ce n'est
Ga 2, 20 plus toi qui vis, c'est le Christ qui vit en toi. Peu

---

3. Voir S. Jean de la Croix, *Cantique Spirituel* B, 11, 5 ; OC, p. 1264-1265.
4. Agathon 9, dans *Les Sentences des Pères du désert*, coll. alphabétique, trad. L. Régnault, Éd. de Solesmes, 1981, p. 39.
5. S. Jean de la Croix, *Cantique Spirituel* B, 1, 12 ; OC, p. 1224.
6. S. Augustin, *Confessions* III, VI, 11 ; Bibliothèque Augustinienne 13, Desclée de Brouwer, 1962, p. 383.

à peu, te voilà éclairé, lavé, purifié, construit,
réjoui, vivifié. Te voilà déifié. Tu peux entrer par Jn 10, 34-35
toute ta plénitude dans toute la plénitude de Dieu. Ep 3, 19
Tu n'attends plus que de contempler sa Gloire. Jn 17, 24 ; 2 Co 4, 6

Sur la route de ce combat et de cette Gloire, tu 16
auras à apprendre tous les secrets de la prière : Ac 14, 22

Prie comme un pauvre. Tu es fragile, versatile,
distrait, radicalement incapable d'atteindre Dieu et
de l'accueillir. Tu es pécheur en face de Dieu trois Jn 15, 5
fois Saint. Accepte ta pauvreté, sachant que Jésus
a béni la prière de l'humble publicain. La prière du Lc 18,14
pauvre monte jusqu'aux oreilles de Dieu. Si 21, 5

Prie comme un enfant. Bien-aimés, dès mainte-
nant vous êtes enfants de Dieu. Tu n'entreras dans 1 Jn 3, 2
son Royaume qu'en devenant petit enfant. Tu Mt 18, 3
n'obtiendras le ciel qu'en y croyant de toute ta foi
d'enfant. Laisse donc venir en toi le chant des Mc 10, 14
lèvres d'enfants, des tout-petits. Enfant de Dieu, Ps 8, 3
conduit par l'Esprit de Dieu, tu auras part à la
sainte liberté des enfants de Dieu. Rm 8, 14-21

Prie au nom de Jésus. Sois fils dans le Fils et le
Père ne pourra rien te refuser. Jusqu'ici peut-être, Jn 16, 27
n'as-tu rien demandé en son nom ? Demande et tu
recevras, et ta joie sera parfaite. Tout ce que tu Jn 16, 24
demanderas en son nom, Jésus le fera ; le Père te Jn 14, 13 ; 15,16
l'accordera. Tout est possible à celui qui croit et Mc 9, 23
plus encore à celui qui aime, car il accueille alors
en lui la Toute-Puissance de la Trinité. Si donc tu Jn 14, 23
aimes et crois, par ta prière au nom de Jésus, tu
pourras tout.

Prie dans l'Esprit Saint. Puisque désormais 17
l'Esprit de Dieu habite en toi, que tu as reçu un Ep 5,18

Rm 8, 9 Esprit de fils adoptif qui te fait crier : *Abba*, Père,
laisse-le venir en toi au creux de ta faiblesse et
intercéder lui-même pour toi en des gémissements
Rm 8, 26 ineffables. Par la prière, rends-toi docile à celui
Jn 16, 13 qui te révélera la vérité tout entière et te comblera
de tous ses fruits. Puisque l'Esprit est ta vie, que
Ga 5, 22.25 l'Esprit aussi, priant en toi, te fasse agir.

Prie avec confiance. Ta prière est plus puissante
Mt 5, 36 que tu ne crois sur le cœur de Dieu. La prière fer-
Jc 5, 16 vente du juste a beaucoup de puissance. Le Christ
te le redit : Tout ce que tu demanderas en priant,
Mc 11, 24 crois que tu l'as déjà reçu et cela te sera accordé.

Prie avec persévérance. Avec la joie de l'espé-
rance, constant dans l'épreuve, sois assidu à la
Rm 12, 12 prière. Qu'elle te garde vigilant dans l'action de
Col 4, 2 grâce, et ta persévérance, dût-elle devenir impor-
Lc 18, 1-8 tune, sera exaucée : à cause de ton insistance, Dieu
Lc 11, 8 se lèvera et te donnera tout ce dont tu as besoin.

18 Prie avec courage car les obstacles ne te man-
queront pas, depuis le diable, ennemi acharné de
ta prière qui, tel un lion rugissant, rôde alentour
1 P 5, 8 cherchant qui dévorer, jusqu'aux sollicitations
Jc 1, 22-25 multiples de l'extérieur et à ta paresse innée.
Souviens-toi de la promesse du prophète :
« Courage, mes enfants, priez Dieu, il vous arra-
Ba 4, 21.27 chera à la violence et à la main de vos ennemis. »
Au bout de l'effort, tu trouveras la paix.

Redouble de prière dans les moments impor-
Lc 6, 12 ; 10,2 tants, à l'heure des choix, des difficultés, des
tentations, des incompréhensions mutuelles,
comme Jésus lui-même l'a fait. Veille donc et prie
en tout temps, afin d'avoir la force d'échapper à
tout ce qui doit arriver et de paraître avec assu-
Lc 21, 36 rance devant le Fils de l'Homme.

Prie avec sobriété et simplicité. La prière est un
cœur à cœur entre toi et Dieu et n'a que faire de
grandes idées et de beaucoup de mots. Elle doit Mt 6, 7
peu à peu te conduire à la pure écoute de celui qui
a les paroles de la Vie éternelle. Jn 6, 68

Prie dans le secret. Seul compte en toi le poids Mt 6, 5
de la présence de Dieu que ta prière personnelle et
solitaire nourrira. Pour toi, quand tu pries, retire- 2 R 4, 33
toi dans ta cellule, ferme sur toi la porte, et prie
ton Père qui est là, dans le secret ; et ton Père qui
voit dans le secret te le rendra. Mt 6, 6

Prie avec tes frères et sœurs sachant que là où
deux ou trois sont réunis en son nom, Jésus est au Mt 18, 19
milieu d'eux, et que l'Esprit accompagne tout par- Ep 5, 19
ticulièrement la prière partagée. La prière com-
mune des frères, réunis autour du Fils unique, le Ac 2, 1-4
Père aime tellement l'exaucer ! Jn 15, 7-16

Pour tout dire, vise à prier continuellement, sans 19
jamais te lasser. Comme le psalmiste, plaçant le Lc 18,1
Seigneur devant toi sans relâche, et comme le sage Ps 15, 8
méditant sans arrêt les commandements du Si 6, 37
Seigneur, reste toujours joyeux, prie sans cesse. En
toute condition, sois dans l'action de grâce. Telle Ep 5, 20
est la volonté de Dieu sur toi dans le Christ Jésus. 1 Th 5, 16-18

Vénérer et honorer celui que tu crois être le Verbe et par lui le Père, tel est ton devoir, et non pas à certains moments particuliers comme d'autres le font, mais continuellement, pendant toute ta vie, et de toutes manières... La prière est un entretien intime avec Dieu et Dieu prête constamment l'oreille à cette voix intérieure... Oui, le vrai spirituel prie durant toute sa vie, car prier est pour lui effort d'union à Dieu et il rejette tout ce qui est inutile, parce qu'il est parvenu à cet état où il a déjà reçu en quelque sorte la perfection qui consiste à agir par amour. Toute sa vie est une liturgie sacrée[7].

Lorsque tout ton amour, tout ton désir, tout ton effort, toute ta recherche, toute ta pensée, tout ce que tu vis et dont tu parles, tout ce que tu respires ne sera que Dieu, lorsque l'unité présente du Père avec le Fils et du Fils avec le Père sera passée dans ton âme et dans ton cœur[8], tu connaîtras alors la joie sans égale de la prière continuelle et
Col 4, 2 tu vivras de la vraie vie.

20 Prie au matin, avec tes frères et sœurs, avant d'aller au travail, avec ceux qui vont au travail, redisant : Je devance l'aurore et j'implore,
Ps 118, 147 Seigneur, j'espère en ta parole.

Prie au milieu du jour, au milieu du travail, avec ceux qui sont au travail, à la sixième heure, où Jésus offrit sa vie pour toi et pour le salut du
Mt 27,45 monde.

Prie le soir avec ceux qui rentrent du travail, au
Lm 2, 19 seuil de la nuit, et au commencement des veilles, faisant de tout Eucharistie.

Telle soit ta liturgie qui, trois fois le jour, te ramène avec tes frères, en ton église, devant Dieu. Les fenêtres de la chambre de Daniel étaient orientées vers Jérusalem, et trois fois par jour il se mettait à genoux, priant et confessant Dieu. C'est
Dn 6, 11 ainsi qu'il faisait toujours.

---

7. Clément d'Alexandrie, *Stromates* VII, 7, 40, éd. Stählin, Leipzig, 1909, p. 27.

8. Jean Cassien, *Conférences* X, 6, 7 ; SC 54, p. 81.

Chaque semaine, le jeudi, en souvenir de 21
Gethsémani où personne ne put prier une heure Mc 14,37
avec Jésus, prie dans la nuit, au centre des misères Is 21, 11
et des joies de la ville où Dieu t'a placé comme
veilleur guettant l'aurore. Implorant toi aussi pour Ps 129, 6
ton péché et rendant grâce à Dieu pour ses mer-
veilles, lève-toi au milieu de la nuit, lui rendant
grâce pour ses justes jugements. C'est pour être Ps 118, 62
ces veilleurs-éveilleurs que l'Église nous a appe-
lés à être debout sur les remparts de la cité. Toi, Is 62, 6; 1 Th 5, 5-6
donc, lève-toi dans la nuit au commencement des
veilles, répands ton cœur comme de l'eau devant Lm 2,19
le Seigneur ton Dieu.

Chaque jour, dans l'après-midi, ouvre ton cœur
à la méditation des Écritures et, dans la gratuité de
la *lectio divina*, laisse l'Esprit lui-même façonner
en toi une âme de disciple et ouvre-toi à la joie de Jn 16, 14
sa Présence divine selon la promesse du Christ :
« Si quelqu'un m'aime, nous viendrons chez lui et
nous ferons chez lui notre demeure. » Que ta cel- Jn 14, 23
lule devienne ainsi un oratoire. Le secret de ton
bonheur est là : Heureux celui qui se plaît dans la Mt 6, 6
loi du Seigneur et murmure sa loi jour et nuit. Ps 1, 2

La prière fera ainsi de toi un liturge. C'est là ta 22
vocation de moine citadin. Comme le chante le
psalmiste, tu rendras grâce dans la grande assem-
blée et dans un peuple nombreux, tu loueras Dieu. Ps 34, 18
N'en tire ni tristesse ni vanité. C'est à cela que
Dieu t'a appelé et lui-même se complaît en son
peuple. Tu as reçu pour cela mission de louange et Ps 149,4
d'intercession. Col 3,16

Souviens-toi que *prier dans le temple de Dieu, c'est prier dans la communion de l'Église, dans l'unité du Corps du Christ ; or le Corps du Christ est composé de tous les croyants ; ainsi celui qui prie dans le temple est-il exaucé, car il prie en esprit et en vérité celui qui prie dans la communion de l'Église* [9].

Aime la liturgie que ta communauté a choisie.
Sois-y présent avec fidélité et ponctualité.
Montre-toi aussi docile qu'actif, sachant qu'ainsi
Ex 12, 1 ; Ps 21, 23 tu fais service d'Église et accomplis ce qui plaît à
Dieu. « Je les réjouirai dans ma maison de prière ;
leurs prières et leurs offrandes seront acceptées
sur mon autel car ma Maison s'appellera : Maison
Is 56, 7 de prière pour les peuples. »

Aime l'église où se déroulent les liturgies et
1 Co 11 sois, dans ce temple saint, plein de respect, de
calme, de sérénité, de recueillement, afin que, à ta
vue et à ton exemple, tout alentour concoure à la
1 Th 4, 12 prière et à la paix.

Ap 7, 9 En revêtant pour les offices la coule liturgique,
souviens-toi que, baptisé en Christ, tu as vraiment
Ga 3, 27 revêtu le Christ et que ton être tout entier est devenu un chant à la louange de sa gloire. Revêts ce vêtement et habite cet habit à la double lumière du Christ qui te recouvre et de l'Esprit qui t'envahit. Sois ainsi le Corps du Christ et le temple de l'Esprit à la gloire du Père.

Que l'Eucharistie enfin, chaque jour, soit le
sommet de ta prière continuelle, car alors, tu
atteins au suprême degré d'union avec tes frères
avec qui tu formes le Corps du Christ, étant
Rm 12, 5 membre chacun pour sa part, et avec Dieu qui, ainsi, demeure en toi, cependant que tu demeures en lui.

---

9. S. Augustin, Sermon 336, 6 ; PL 38, 1471.

3. *Travail*

Travaille. 23

L'homme travaille. Le chrétien travaille. Le Gn 3, 17-19
moine travaille. Pour cette triple raison, *à l'évidence, il te faut travailler avec zèle* [1].

Par ton travail, rejoins et imite ton Dieu.
Le Père, qui crée, juge et soutient le monde, Jn 5, 17
travaille.
Le Fils, qui s'est fait charpentier, et par sa Parole Mc 6, 3
maintient l'univers, travaille. He 1, 3
L'Esprit, qui est à l'œuvre inlassablement, renouvelant les cœurs et la face de la terre, travaille. Ps 103, 30
Réjouis-toi de vivre, par le travail, à l'image de Dieu.

Pour t'associer à l'achèvement de sa création, et
te soumettre la terre ; pour participer à sa rédemp- Gn 1, 28
tion en gagnant ton pain à la sueur de ton front,
sur l'ordre de ton Dieu, fils d'Adam, peine à tra- Gn 3, 19
vailler de tes propres mains. 1 Co 4, 12

Par ton labeur vis la pâque quotidienne de la peine à l'offrande, de la contrainte à l'acceptation, et passe de l'homme soumis au coopérateur filial. 1 Co 3, 9

---

1. S. BASILE, *Grandes Règles* (GR) 37 : dans *Les Règles monastiques*, trad. L. Lèbe, Éd. de Maredsous, 1969, p. 121.

Que ton être ainsi unifié fasse tout pour la gloire
1 Co 10, 31 de Dieu.

Ainsi seras-tu, par le travail, tout à la fois épanoui et purifié, solidaire des hommes et proche de ton Dieu.

24 Une double nécessité t'invite à travailler : d'une
part, subvenir aux besoins de la communauté, en
vivant du travail de tes mains de façon que ni tes
2 Th 3, 8 frères ni toi ne soyez à la charge de personne ;
Ac 20, 35 d'autre part, assister les faibles et venir en aide
aux nécessiteux [2]. Ainsi la charité préside-t-elle
en tout à ton ouvrage puisque son fruit sera pour
Ep 4, 28 les frères et pour l'indigent.

Qo 11, 6 Ne laisse pas tes mains oisives jusqu'au soir.

1 Th 4, 11 Mets plutôt un point d'honneur à travailler de tes
2 Th 3, 10 bras. Si tu ne veux pas travailler, ne mange pas non
plus. Travaille tranquille dans le Seigneur Jésus et
2 Th 3, 12 mange le pain que tu auras toi-même gagné.

Si 31, 4 Si tu es le pauvre qui travaille parce qu'il n'a pas
de quoi vivre sans travailler, tu es aussi le travailleur
Mt 10, 10 qui mérite sa nourriture. Que ton travail soit tel qu'il
fasse donc de toi un homme humble et libre.

25 Par ton travail, tu diras aussi ta solidarité avec le
monde de la ville et la foule de ses travailleurs qui
1 Th 4, 11 le vit, le recherche, l'anime ou le subit.

Il sera pour toi lieu privilégié de la rencontre de
Ex 20, 9 ; 35, 1 l'homme frère où il est, et service vécu au cœur de
Dt 5,13 la cité où tu dois t'insérer, car il y a six jours pen-

2. GR 42, p. 131.

dant lesquels on doit travailler. Et Jésus, comme Lc 13,14
homme, l'a redit et l'a fait. Mc 6,3

Pour être à la fois plus proche de tous et mar-
quer ta libre dépendance, tu refuseras toute entre- Mt 10, 10
prise privée. Autant que possible, tu seras salarié,
te souvenant seulement que l'ouvrier mérite son
salaire. Par là même tu apprendras la dépendance Lc 10, 7
et l'humilité de la soumission. Ainsi également
recevras-tu d'une main pour redonner de l'autre Mt 6, 3
sans les refermer sur tes propres gains. 1 Tm 6, 18

En choisissant de travailler autant qu'il faut mais
pas plus que tu ne dois, et non point d'abord pour
une œuvre périssable mais pour celle qui demeure
en vie éternelle, face à un monde où le travail est Jn 6, 27-28
comme sacralisé, souvent hypertrophié, et devient
le lieu de l'affrontement, de la concurrence, de
l'aliénation, de la course aux richesses matérielles,
tu dois te situer en liberté et contestation. Lc 12, 16-21. 31-32

En travaillant à temps réduit et pour un salaire 26
souvent minime, rappelle à ce monde, sans dis-
cours mais par ta vie, les valeurs parallèles de la
prière, de la gratuité, du silence, de la vie frater-
nelle, de l'accueil dans la paix et de la louange, et
qu'il nous faut tous chercher d'abord le royaume
de Dieu et sa justice. Car que sert à l'homme de Mt 6, 33
gagner l'univers s'il ruine sa propre vie ? Lc 9, 25

Accepte, de ce fait, avec humilité et lucidité, de
ne travailler au dehors qu'à mi-temps, afin de
réserver pour la contemplation, la vie commune,
la solitude, l'étude, l'accueil, le repos, tout le
temps nécessaire à une vie paisible et équilibrée. Lc 10, 38-42
C'est peut-être là que le Christ situe pour toi au
mieux la dimension prophétique de ta vie Lc 9, 57-62
monastique.

Tu témoigneras de cela non pas en quittant le
Jn 17, 15-16 monde mais en restant dans ce monde sans être de
lui. Accepte humblement et courageusement de
vivre ainsi sans pouvoir toujours le justifier ou
même le dire ; de le vivre toi-même dans l'imper-
fection et l'écartèlement, et peut-être jusqu'au
Lc 9, 23 sentiment de te renier toi-même : si tu veux aller
à sa suite, renonce à toi-même, prends ta croix
Mt 16, 24 quotidienne et suis le Christ.

Pour dire au monde du travail la valeur de la
contemplation solitaire, et au monde de la
contemplation la richesse du travail solidaire,
Ep 6, 18 mets ta prière dans ton travail et porte ton travail
dans ta prière. *Donne au travail toute sa valeur
en union avec celui du divin ouvrier, Jésus le
charpentier*[3].

Selon l'expérience des anciens moines, tu peux
remplir le devoir de la prière tout en travaillant[4].
1 Th 5, 17 ; 2 Th 3, 8 Ainsi peux-tu tout à la fois, selon le conseil de
l'apôtre, prier sans cesse et travailler jour et nuit.

27 Au matin, quand l'homme sort pour son ouvrage,
Ps 103, 23 faire son travail jusqu'au soir, entends la voix du
Seigneur qui te crie : « Mon enfant, va travailler à
Mt 21, 28 ma vigne. »

Tout au long du jour, redis-lui : « Fais réussir,
Ps 89, 17 Seigneur, le travail de mes mains. »

Au soir, offre tout au Père en disant : « Je ne suis
qu'un pauvre serviteur, je n'ai fait que mon
Lc 17, 10 devoir. »

---

3. CHARLES DE JÉSUS, *Œuvres spirituelles*, Éd. du Seuil, Paris, 1958, p. 487.

4. GR 37, p. 121.

Doux sera alors ton sommeil de travailleur et Qo 5, 11
Dieu bénira l'œuvre de tes mains. Dt 14, 29

Ton rôle n'est pas de prendre un engagement
dans le domaine de *la* politique, lieu de trop de Mt 22,21
divisions, de compromissions, d'affrontements, Rm 13, 7
mais d'annoncer debout, par ta vie, avec justice et
vérité, l'Évangile de la paix, engagé que tu es, Ep 6,15
moine citadin, dans *le* politique, au cœur de la
ville *(polis)* que Dieu chérit. Ps 86, 2

Tu ne peux choisir ton travail par initiative per- 28
sonnelle. Et *tu serais digne de blâme si tu n'ac-* Lc 17,7-10
ceptais pas un travail imposé, péchant alors par suffisance et par désobéissance[5].

Accepte avec autant de joie de travailler à l'extérieur qu'à l'intérieur, selon ce qu'il convient et qui t'est demandé. Ne tire aucune vanité à gagner beaucoup ni amertume à gagner peu, sachant qu'avec tes frères et sœurs, tous ensemble, priant, étudiant ou travaillant successivement, c'est tous ensemble que nous devons d'un même cœur, d'une
seule âme et dans le même esprit, travailler d'abord Ph 2, 2
à l'œuvre de Dieu et, par-delà toutes les tâches Jn 6, 29
nécessaires, choisir ensemble de vivre la meilleure
part. Tout importe mais *Dieu seul suffit*[6]. Lc 10, 42

Discerne donc avec le prieur et le conseil quel travail tu peux choisir ou accepter, et précise avec eux dans quelles conditions tu devras l'assumer.

Crois ici la sagesse des Anciens et des Pères quand ils disent : *On peut esquisser ce principe*

---

5. GR 41, p. 129.

6. S. Thérèse d'Avila, *Poésies* IX ; trad. M. Auclair, *Œuvres complètes*, Desclée de Brouwer, Paris, 1964, p. 1089.

général qu'il faut choisir les métiers qui gardent à notre vie sa paix et sa tranquillité, qui n'offrent pas beaucoup de difficultés techniques et n'exigent pas
1 P 2, 11-17 *de nous des rencontres nuisibles ou malséantes*[7].

29 Pour que ton travail puisse te conduire à l'unification de l'être, à la rencontre de sa valeur la plus profonde et de sa mystique cachée, veille à ce qu'il soit :

— utile : ton travail ne saurait être ni un passe-temps ni une condescendance, ni une concession qui le rendrait vain ou facultatif ;

— bien fait : chacun doit être attentif à son propre travail, s'y appliquer soigneusement, l'accomplir intégralement sous le regard de Dieu, y apporter un zèle actif et une sollicitude empressée... sans passer futilement d'une occupation à une autre[8] ;

— pauvre : dans sa double dépendance, de l'employeur et de la communauté, réduit dans le
Ac 4, 34-36 temps, solidaire de tous, ses gains aussitôt reversés sans pouvoir t'enrichir jamais ;

— vécu comme un témoignage donné par ton
Ph 4, 4-5 sérieux, ta fidélité, ta serviabilité, ta joie, ton empressement, ta discrétion, ton enthousiasme, ta foi sans prosélytisme mais en répudiant aussi les
2 Co 4,2 silences de la honte ;

— équilibré et réaliste, respectant tes autres engagements, ton jour de désert, ta présence aux liturgies, exigeant sans être éreintant ni aliénant ;

---

7. GR 38, p. 126.
8. GR 41, p. 130.

— essentiellement, qu'il soit pour toi occasion
de prière et de charité, car c'est dans l'amour que Rm 13, 8
se lie toute perfection. Ga 5, 14

Par-dessus tout, travaille avec crainte et tremblement à accomplir ton salut : aussi bien Dieu est là qui opère en toi à la fois l'action et l'intention au profit de ses bienveillants desseins. Ph 2,12-13

Quel que soit ton travail, fais-le donc avec âme comme pour le Seigneur. Col 3, 23

4. Silence

Entre dans le mystère du silence. 30

Le but de ta vie n'est pas de te taire mais d'ai-
mer tes frères et sœurs, de te connaître toi-même
et d'accueillir ton Dieu. Tu as besoin d'apprendre Mc 12, 30-31
à écouter, à rentrer au plus profond et à t'élever Is 26, 20
au-dessus de toi.

Le silence te convie à tout cela. Recherche-le Lc 2, 51
donc avec amour et vigilance.

Méfie-toi pourtant du faux silence : ton silence
ne doit être ni taciturne, ni renfrogné, ni discipli-
naire, ni systématique, ni raide, ni endormi. 1 P 3, 8-12

Le vrai silence ouvre à la paix, à l'adoration, à
l'amour. Jn 4, 23

Vis ton silence, ne le subis pas. Tu ne l'aimeras que si tu en sais la valeur et le prix. Nulle théorie ne saurait t'en convaincre. Mais quand tu l'auras goûté, tu ne pourras plus t'en passer.

C'est pour deux motifs que tu peux choisir le silence que l'on pratique pour Dieu, hors du monde : ou bien parce que tu as atteint déjà le degré de pureté et de science qui te fait sentir Dieu, ou bien parce que tu as entendu un autre parler de ce bien et que tu y cours toi aussi sur parole afin de l'acquérir [1].

Prie donc pour demander la grâce du vrai silence dont Marie a le secret, elle qui conservait fidèlement tous ses souvenirs et les méditait en son
Lc 2, 19 cœur. *Si tu aimes la vérité, sois amant du silence. À l'instar du soleil, celui-ci fera que tu sois illu-*
2 Co 4, 6 *miné en Dieu. Il te libérera des fausses connaissances et à Dieu lui-même t'ouvrira le silence* [2].

31 Dieu est silence. Sa Parole toute-puissante nous
Sg 18, 14-15 est venue de son silence paisible. Et c'est dans le
1 R 19,12 murmure d'une brise légère qu'il s'est révélé à son prophète. Ton silence t'ouvrira à l'écoute de la
Ps 118, 89 Parole suprême et tu entendras du fond de toi monter une voix qui murmure : *Viens vers le Père* [3]. Par lui, tu entreras dans le mystère de Dieu, tu ouvri-
Ps 130, 2 ras ton âme à la joie de sa présence et à la grâce de l'adoration.

Le silence matériel t'introduit au silence spirituel, et le silence spirituel te fait monter jusqu'à vivre en Dieu ; mais si tu cesses de vivre dans le silence, tu n'auras pas d'entretien avec Dieu [4].

Ainsi le silence te conduit-il à Dieu et Dieu t'introduit-il en son silence : c elui qui fait la volonté de
Ps 118, 33-40 Dieu ne cesse jamais d'entendre sa voix intérieure.

Que le Seigneur creuse donc en ton être une attente et un appel orientant ta vie à recevoir et à

---

1. PHILOXÈNE DE MABBOUG, SC 44, 1956.
2. ISAAC DE NINIVE, «Solitude et vie contemplative» ; *Spiritualité Orientale* n° 3, p. 69-71.
3. IGNACE D'ANTIOCHE, Lettre aux Romains, VII, 2 ; SC 10, 1969, trad. P.-Th. Camelot, p. 117.
4. PHILOXÈNE DE MABBOUG, *Lettre à un juif converti*, 21 ; cité dans Pl. Deseille, *La Fournaise de Babylone*, Éd. Présence, 1974, p. 70.

garder la Parole du Père qui est son Fils, dans la Rm 8, 15-17
paix de l'Esprit. Goûte cette Parole divine qui se
dit tout entière dans le silence : silence trinitaire
qui est plénitude d'attention, de respect, de partage
et d'Amour. Seule la contemplation de ce mystère
saura te conduire à vivre à ton tour du secret de ce Ga 4, 6
silence intériorisé, et ton être tout entier, dans son
silence paisible et fort traduira Dieu. Tu seras, Ph 4, 7
comme Jean, témoin de la lumière. Jn 1, 8

Au travail, dans la rue, dans tes allées et venues
privées et les transports publics, au milieu du
brouhaha de la ville, emporte avec toi le secret du
silence intérieur. Prends chaque jour de larges
plages de silence et, quand revient le soir, médite
sur ta couche en paix et silence. Dieu vit en toi, Ps 4, 5
écoute-le. Le silence est l'élan de ta prière au
cœur de la ville et la paix de ton âme chaque jour. Jn 14, 23

Devant tes frères et sœurs, avec eux et pour eux, 32
vis le silence.

Silence des lèvres : en évitant de trop parler, tu
éviteras la superficialité, la médisance, la légèreté
et, par là même, le péché. Qui surveille sa langue
garde sa vie et qui parle trop se perd. Car abon- Pr 13, 3
dance de paroles ne va jamais sans fautes. Prie Pr 10, 9
Dieu d'établir une garde à ta bouche et de veiller
sur la porte de tes lèvres. En face des murmures, Ps 140, 3
des racontars, des railleries, sans cesse oppose ta
prière à leur malice. Ps 140, 5

Garde ta route sans laisser ta langue s'égarer, et
place à ta bouche un bâillon tant que devant toi
parle l'impie. Ps 38, 2

Silence du cœur, en face des jugements et des
jalousies, des affections déréglées, des nostalgies Ga 5,16-26

ou des souvenirs qui encombrent ou envahissent. Par ton silence, humilie ton cœur devant le
Jc 4, 10 Seigneur et lui t'élèvera.

Résiste ainsi au diable et il fuira loin de toi ;
Jc 4, 8 approche-toi de Dieu et il s'approchera de toi. *Apprends ceci, mon frère : toute pensée en laquelle ne prédomine pas le calme et l'humilité n'est pas selon Dieu, mais une prétendue bonne inspiration venant des esprits mauvais. Car Notre Seigneur vient avec calme, mais tout ce qui est de l'Ennemi s'accompagne de trouble et d'agitation*[5].

33 Silence de tout ton être, en évitant le bruit autour de toi et en gardant le calme en toi. Tu sais que *le bien ne fait pas de bruit et que le bruit ne fait pas de bien*[6]. Dans la vie commune, *le calme est une nécessité pour les frères qui prient, lisent, écrivent, ou, le soir, se reposent*[7]. Par amour, surveille donc ta façon de marcher, de travailler, d'accueillir, de parler. Le silence aussi est charité.

Sois donc discret dans l'accueil, court au téléphone, concis dans ta correspondance, sobre dans le ton de ta voix, mesuré dans ton rire[8].

Plus profondément, par le silence, apprends à aimer. Il est le fruit de la communion fraternelle
Rm 12, 14-18 en même temps que le chemin vers cette communion. Par lui tu apprendras à coïncider avec tes frères et sœurs et à trouver le juste équilibre entre
Col 3, 3 une vie désormais cachée avec le Christ en Dieu

---

5. BARSANUPHE et JEAN DE GAZA, Lettre 21, dans *Correspondance*, trad. L. Regnault, Éd. de Solesmes, 1972, p. 27.
6. S. FRANÇOIS DE SALES.
7. *Règle de Taizé*, p. 37.
8. GR 17, p. 86 ; et *La Règle de S. Benoît* (RB) 7, trad. A. de Vogüé, SC 181 (I) et 182 (II), 1972, I, p. 487.

et partagée dans la dette première de l'amour mutuel.

Comme le demande saint Benoît, ne cherche 34
jamais à défendre ou à protéger un frère [9], car tu risques fort alors de perdre en vaine et inutile parole ce que le silence et la prière auraient pu te faire gagner pour l'aider à se reprendre et à pro-
gresser. Le murmure entre frères tue la commu- He 12, 15
nauté. Fuis-le à tout jamais. 2 Tm 2, 23-26

Ne sois pas pour autant taciturne ou muet devant
tous les torts et les manquements. À l'occasion, Ez 3,19
reprends, menace, exhorte mais toujours avec
patience et le souci d'instruire. L'Écriture et les 2 Tm 4, 2
Pères disent qu'il faut aussi savoir parler devant
les torts ou le péché d'un frère [10]. L'exhortation Lv 19, 17
fraternelle qui est juste et vraie ne trouble pas le silence mais y ramène et y conduit si c'est dans
l'amour qu'elle s'exprime. Mt 18, 15

Mieux vaut parfois faire des reproches que de garder silencieusement sa colère. Celui qui s'accuse
d'une faute lève une peine. Quand il le faut, va donc Si 20, 2-3
d'abord te réconcilier en parlant avec ton frère, puis Lc 17, 3
reviens prier en silence devant l'autel et sache t'ex- Mt 5, 24
primer quand la correction fraternelle l'exige.

Pour s'ouvrir au vrai silence de charité, il 35
convient parfois de commencer par parler :
Va trouver ton ami : peut-être il n'a rien fait.
Et s'il a fait quelque chose, il ne recommencera pas.
Va trouver ton voisin : peut-être il n'a rien dit.

---

9. RB, 69 (II, p. 665).

10. S. Basile, *Petites Règles* (PR) 47 ; dans *Les Règles monastiques*, trad. L. Lèbe, Éd. de Maredsous, 1969, p. 199.

Et s'il a dit quelque chose, il ne le redira pas.
Va trouver ton frère, car on calomnie souvent.
Ne crois pas tout ce que l'on dit.
Souvent on glisse sans mauvaise intention ;
Si 19, 13-16 *Et qui n'a jamais péché en paroles ?*

Vis un silence de confiance, sans murmure inté-
Qo 7, 21-22 rieur et sans soupçon.

Pour le reste, sois sobre. L'homme sage sait se
Pr 11, 12 taire jusqu'au bon moment. Parle quand c'est nécessaire, résume ton discours, dis beaucoup en peu de mots et sache te montrer ensemble enten-
Si 32, 7 du et silencieux.

Plus il y a de paroles, plus il y a de vanité. Alors,
Qo 6, 11 à quoi bon ?

36 Le silence t'apprendra à construire en toi l'homme intérieur qui chaque jour doit se renou-
Col 3, 10 veler à l'image de son Créateur.

Le silence remettra de l'ordre en toi quand tu seras inquiet, tenté, fatigué. Il t'apprendra à te dominer, te contraindre, devenir maître de toi, car il est dit que si tu ne commets pas d'écart de langage, tu es un homme parfait ; tu es capable de
Jc 3, 2 réfréner tout ton corps.

Le silence t'apprendra à oublier les mauvaises habitudes, à te laver des bavardages intérieurs, à
Pr 10, 19 trouver les attitudes justes et les mots vrais.

Le ton de la voix, la discrétion dans les paroles, le moment opportun, la nature spéciale des termes familiers et particuliers à ceux qui vivent dans la prière sont autant de choses qu'il est impossible de connaître si l'on n'a pas désappris les usages et les discours du monde. Or le silence permet d'oublier les anciennes habitudes en ne les pratiquant plus et il donne le temps de s'instruire des bonnes. C'est pourquoi, le plus possible, tu dois garder le silence[11].

37

Au creuset du silence, tu apprendras la sainteté : car c'est lui qui t'ouvrira la porte de l'humilité, de la contemplation, et de la miséricorde. En te conduisant à l'oubli de toi, le silence te fera trouver Dieu et, au cœur de Dieu, tu retrouveras le monde, à la lumière de Dieu. 1 Th 5, 15

Vis-le donc à l'extérieur, goûte-le à l'intérieur, et tu connaîtras la joie parfaite de ceux qui gardent au cœur ses commandements et demeurent silencieusement en son Amour. Jn 15, 10-11

Avec ta communauté, précise les temps et les lieux où, d'un commun accord, il sera demandé de garder le silence ou d'échanger ; de se détendre ou de se taire ; et respecte-les. Tu ajouteras ainsi à la vertu du silence celle de l'obéissance et de l'humilité. Ep 5, 21

Quand l'heure est venue de l'échange, de la détente (comme le dimanche soir), sois-y participant de gaieté de cœur, car il y a aussi un temps pour rire et l'amour met sa joie dans la vérité. Qo 3,4 1 Co 13, 6

38

Garde tout particulièrement ton jour de désert hebdomadaire et vis-le à la suite du Christ qui aimait ainsi se retirer à l'écart et y entraînait ses disciples. Que rien ne t'en dispense car cela est nécessaire à ton équilibre physique, psychologique et spirituel de moine citadin. Au cœur de Mt 14, 13 Lc 9, 18 ; Mc 6, 31

11. GR 13, p. 78.

ces jours de solitude, Dieu te convie pour te
séduire, te conduire au désert, et, dans le silence,
Os 2, 16 parler à ton cœur.

Enfin, vis comme une profonde richesse le
grand silence de chaque soir selon ce qu'ensei-
gnent saint Benoît et tous les Pères [12], car la nuit
est un grand mystère porteur des secrets de la
Création, de l'Incarnation, de la Résurrection et
Lc 12, 35-38 ; Mt 25, 6 du Retour annoncé pour le milieu de la nuit. Dans
Lc 21, 36 ce silence nocturne, veille et prie. Ton cœur, Dieu
Ps 16, 3 le visite la nuit. Toi donc, bénis le Seigneur dans
Ps 133, 2 les nuits. Que ton âme le désire la nuit et que ton
Is 26, 9 esprit cherche Dieu en silence, au-dedans de toi.
Ct 5,2 En paix, tu dors, mais ton cœur veille.

Au matin, le Seigneur lui-même ouvrira tes
Ps 50, 17 lèvres, et ta bouche publiera sa louange.

Te voici prêt à accueillir la grâce d'un jour nouveau.

---

12. RB, 42 (II, p. 585).

5. *Accueil*

Accueille et partage. 39

Dieu s'est fait homme pour que dans l'homme tu découvres Dieu. En accueillant les hommes, tu rencontres donc Dieu. 1 Jn 4, 7-11

Qui reçoit un semblable, en effet, reçoit le Christ, Mt 10, 40-42
et qui le reçoit ainsi, reçoit celui qui l'a envoyé. Mc 9, 37

Par là même, il rencontre réellement le Père que personne n'a jamais vu. Jn 1, 18 Ainsi, l'accueil et le partage ouvrent-ils étonnamment à la contemplation de Dieu.

Or comme, également, Dieu est lui-même accueil et partage, en vivant cette exigence, tu agis comme lui et tu es aussi conduit, merveilleusement, à l'imitation de Dieu.

C'est pourquoi l'hospitalité a toujours été une Rm 12, 13 1 P 4, 9
vertu typiquement monastique. Silence, ferveur, ascèse, solitude ne suffisent pas. Seul l'amour est valeur suprême.

Prie le Seigneur de t'ouvrir les yeux à ce mystère.

Dieu a en toi creusé un grand espace et déposé un vrai trésor. Tu as, dès lors, le double devoir de recevoir et de donner. De partager le trésor du 2 Co 4, 7

Mt 6, 19-21 Royaume qui est au-dedans de toi, et d'élargir
Is 54, 2 l'espace de ta tente à ceux qui sont autour de toi.

40 Sois accueillant à Dieu.

Tu ne sauras donner et partager que si tu es rem-
pli de lui ; tu ne sauras accueillir en vérité que si
tu es habité par lui. Par ta prière et ton amour,
Lc 18, 17 accueille en toi la présence de Dieu et elle rayon-
Jn 14, 23 nera. Les grâces de Dieu ne te sont données que
pour être partagées.

Puisque tu n'as rien que tu n'aies reçu, ne garde
1 Co 4, 7 rien que tu ne puisses donner. Accueille Dieu pour
le partager.

Sois accueillant à ta communauté.

Soyez accueillants les uns pour les autres, dit l'apôtre,
Rm 15, 7 comme le Christ le fut pour nous à la gloire de Dieu.
Mt 12, 25 Nulle maison divisée contre elle-même ne saurait se
maintenir. Seule sait accueillir une Fraternité unie.

Au jour le jour, à chaque instant du jour, en ton
cœur, accueille tes frères et sœurs. Aime-les tels
Col 3, 12-15 qu'ils sont et non tels que tu voudrais qu'ils soient.
Que te servirait d'accueillir largement au-dehors si
tu n'accueillais pas véritablement au-dedans ? En
toute humilité, douceur et patience, supportez-vous
Ep 4, 2-3 les uns les autres avec charité. Par l'ouverture du
cœur au-dedans de ta communauté, tu apprendras la
juste ouverture des portes au-dehors de ta maison.

41 Sois accueillant aux autres.

N'oublie pas l'hospitalité car c'est grâce à elle que
He 13, 2 quelques-uns, à leur insu, hébergèrent des anges.

Accueille la ville. En choisissant d'y demeurer, tu accueilles son rythme, ses lois, ses questions, ses drames, ses difficultés, sa sainteté. Que ce partage solidaire te rende crédible à ses yeux dans ce que tu vis et crois au milieu d'elle. Comme on fond l'argent dans le creuset, de même vous serez
fondus au milieu de la ville, ainsi que le Christ à Ez 22, 22
Jérusalem. Lc 13, 33

Accueille les citadins. Les hommes qui t'entourent, que tu côtoies, reçois, qui prient avec toi, sont des assoiffés d'eau vive, marqués par la
fatigue, l'inquiétude, la solitude, l'anonymat, le Mt 6, 34
bruit. Essaie, pour eux, de partager une oasis de prière et de paix.

Sois accueillant à ton quartier, tel qu'il est, et songe, en y vivant, à la double exigence du bon voisinage et du témoignage. N'y sois pour eux ni
occasion de scandale ni la fable et la risée de ton Mt 18, 5-7
entourage. Ps 43, 14

Les hôtes qui se présentent à la porte doivent 42
être reçus comme le Christ... En t'empressant de les accueillir avec toutes les attentions de la charité... en les saluant humblement à l'arrivée et au départ pour honorer en eux le Christ [1], souviens-
toi de la belle tradition de l'hospitalité monastique. Lc 10, 38

Accueille avec beaucoup d'affection et de joie
tes parents et les parents de tes frères, sachant, Ep 6, 1-3
d'une part, que c'est pour toi un commandement
de Dieu que de les honorer et de les servir comme Ex 20, 12
le Seigneur et, d'autre part, que s'ils n'ont plus la Si 3, 6-8
joie de t'accueillir souvent chez eux, ils doivent
avoir celle d'être toujours bien accueillis chez toi. Tb 4, 3

1. RB, 52 (II, p. 611-613).

Sois particulièrement attentif à ceux dont la
société moderne fait des marginaux ou des exclus,
et que Jésus appelle les malades, les prisonniers,
Mt 25, 31-46 les étrangers... Ils sont porteurs pour toi d'une
Mt 25, 44 présence particulière du Christ. Accorde-leur le
partage de ta table, de ton espérance et de ta foi.
Si un étranger vient vers toi, tu ne le molesteras
pas ; il sera pour toi comme un frère et tu l'aime-
Lv 19, 33 ras comme toi-même.

43 Accueille ceux qui demeureront toujours des
Lc 14, 12-14 pauvres parmi nous. « Car hélas, les pauvres ne
disparaîtront pas dans ce pays. Aussi je te donne
ce commandement : tu dois ouvrir ta main à ton
frère, à celui qui est humilié et pauvre dans ton
Dt 15, 11 pays. » Entre-t-il un pauvre chez toi, dans l'une
des villes que Dieu t'a données ? Tu n'endurciras
pas ton cœur ni ne fermeras ta main à ton frère
pauvre, mais tu l'accueilleras, la main ouverte, et
Dt 15, 7 lui prêteras ce qui lui manque. Et quand tu lui
Dt 15, 10 donnes, donne-lui de bon cœur.

Accueille chacun sans juger, sans rechigner, te
souvenant du Christ, cet homme faisant bon
Lc 15,2 accueil aux pécheurs et mangeant avec eux. La vie
monastique au cœur des grandes villes peut être
pour beaucoup un humble et profond appel à la
conversion. Ne fais donc ici en rien barrage à la
grâce de Dieu.

Enfin, sache accueillir les enfants en leur fai-
sant une place toute particulière à la liturgie, à
l'image du Christ qui les accueillait et demandait
Lc 9, 48 de les laisser venir à lui et même de le recon-
naître tout spécialement à travers eux : « Laissez
venir les petits enfants, ne les empêchez pas, car
c'est à leurs pareils qu'appartient le royaume de
Mc 10,14 Dieu. »

À la table fraternelle, accueille ceux et celles que la Providence t'envoie ; accueille-les dans le silence et la gratuité. Outre le repas, tu leur offriras aussi un peu de calme et de paix, et ta prière se nourrira de ces rencontres. Pense à tout ce que Jésus fit, dit, révéla pendant qu'il était à table, et à sa promesse d'être un jour ensemble pour manger et boire à sa table dans son Royaume. La table, pour Dieu, est chose sacrée ; au milieu de ce monde éclaté, il te faut retrouver et garder ce trésor oublié. 44

Lc 7, 36

Mt 9, 10 ; 26, 7.17

Mt 19, 28

Fais en sorte que les lieux eux-mêmes soient accueillants. Que la Fraternité soit propre, gaie, et spontané le geste de bienvenue. Que l'église traduise une présence, évoque un chaleureux mystère, et que toutes les informations nécessaires y soient données avec précision et clarté. Que soient particulièrement serviables, mais discrets, souriants et attentionnés, ceux qui auront pour mission d'y assurer plus durablement une présence au bureau d'accueil[2].

Cependant, si ton accueil doit être large et généreux, il ne peut se faire aussi qu'avec discernement. 45

Aie donc l'humilité de tes limites. Vis l'accueil, mais sans transformer ta Fraternité monastique en bureau d'information ou de bienfaisance. Préserve ton repos, ton silence, ta prière, ton temps. Sache abréger une conversation, reporter une visite, aller d'emblée à l'essentiel. La profondeur de l'écoute ne se mesure pas à la longueur des dialogues. Il n'est pas bon de se laisser aller

Mc 6, 31

Lc 9, 10

2 Tm 2, 16

2. Cf. RB, 66 (II, p. 659-661) ; GR 32, p. 111.

Ep 4,14 au risque d'être emporté à tout vent de doctrine,
comme des enfants emportés et ballottés au vent
2 Tm 4, 3 des vains discours.

De toute façon, tu ne saurais répondre à toutes
Jn 12, 8 les questions, suffire à toutes les demandes.
Amène donc tes relations et tes amis à com-
prendre les nouvelles exigences de ton état de vie.
Lc 14, 26 Si ton idéal est sincère, ils le comprendront. C'est
à rompre pour mieux communier que le Christ te
convie ainsi, en te demandant de couper avec tout
Mt 19, 29 ; Lc 14, 25-27 ce que tu as de cher.

46 Crois donc aussi aux dangers d'un accueil qui
serait fait sans mesure ni discernement commu-
nautaire : tu courrais alors les risques graves de
Lc 10, 7-11 la saturation et de la superficialité, de la disper-
sion et de l'accaparement. Ne sois pas nulle part
en voulant être partout, ni attentif à personne en
courant après tous. Tu ne pourrais vivre la dispo-
nibilité et la gratuité de ta prière au nom de tous,
si tu étais par trop retenu par quelques-uns seu-
lement. Au cœur de Dieu, tu restes au cœur de
tous.

N'accapare jamais un hôte. Ne te disperse pas
dans l'accueil et, selon le conseil de saint Basile,
ne t'y fourvoie pas ; pour cela, accepte que reçoi-
vent plutôt les visiteurs *ceux qui ont reçu le cha-
risme de la parole et qui savent dire et écouter
avec sagesse pour l'édification de la foi*[3]. Que
ton langage soit toujours aimable, plein d'à-pro-
Col 4,6 pos, avec l'art de répondre à chacun comme il
faut, loin de toute superficialité, trivialité et vain
Ep 5,4 bavardage.

---

3. GR 32, p. 111.

Dès ton entrée dans la vie monastique, vis de 47
franches ruptures : largue les amarres. Laisse tes
carnets d'adresses. Suspends ton téléphone.
Retrouve d'abord en Dieu tes parents, tes amis et Mt 5, 29-30
tes relations. Crois fort au mystère de la commu-
nion des saints. Dieu est plus fort que tes propres
forces et si tu quittes tout pour lui, tu recevras le
centuple en cette vie déjà et, au cœur de Dieu, tu Mc 10, 30
accueilleras et partageras à tous les vrais trésors Mt 19, 27-29
de la vie éternelle.

Préserve coûte que coûte ton temps, précieux entre tous, de *lectio divina*, chaque après-midi. C'est pour toi, et plus particulièrement dans la vie urbaine, un point essentiel et vital. Interdis-toi toute visite à cette heure-là.

Ne fais à l'extérieur aucune visite sans t'en être au préalable ouvert au prieur afin de mieux pouvoir discerner avec lui s'il est utile que tu la fasses ou meilleur que tu y sursoies.

Ainsi, peu à peu, trouveras-tu la place d'une 48
sage clôture qui, sans être murale ou moralisa- Jn 4, 10-14
trice, réservera pour tes frères et pour toi, des
lieux et temps où rien ni personne ne pourra te
distraire, t'accaparer ou te troubler. Et tu appren-
dras par là le secret précieux de la garde indispen-
sable des paroles, des pensées et du cœur, à te
construire de l'intérieur et à durer.

Il te reste à présent, fort de cette ouverture d'amour et de cette sage rupture, à partager le plus précieux des dons de Dieu : la table de sa Parole et de son Eucharistie. L'essentiel de ton accueil en effet réside en ceci : accueillir dans la prière, par la prière et pour la prière. Faire jaillir des sources est plus important qu'aménager des structures.

Jn 4, 10-14 ; Creuse donc le puits, et partage l'eau vive promi-
7, 38 se à ceux qui croient en lui.

49 Au terme, il importe peut-être davantage que tu cherches à être accueilli plus qu'à accueillir. Accueilli pour ce que tu es.

Sois vraiment qui tu es. Alors tu seras reconnu en vérité.

Mt 5, 48 Sois parfait comme le Père du ciel est parfait et
tu témoigneras de celui qui te sanctifie.

Sois irréprochable et pur, enfant de Dieu sans
tache au sein d'un monde où tu brilleras avec tes
Ph 2, 15 frères comme un foyer de lumière. Que ta vie
indique sans peur et sans bruit le chemin de la
Source et Dieu lui-même accueillera et désalté-
Jr 31, 25 rera les fatigués. Les saints n'ont pas besoin qu'on
les entende, leur existence est un appel. La
Sagesse de Dieu proclame par leur bouche :
« Venez, mangez de mon pain et buvez du vin que
Pr 9, 1-6 j'ai préparé pour vous. »

Au terme, nous sommes tous accueillis, nourris,
Jn 6, 45-58 servis et enseignés par Dieu.

Monastiques

6. Moines et moniales

La vocation des frères et des sœurs de Jérusalem 50
est monastique.

Notre but premier n'est pas d'abord dans la recherche d'une vie communautaire, apostolique, sacerdotale ou caritative, mais dans le désir de devenir ensemble des moniales et des moines au plus profond de notre cœur.

Tu n'as pas à conquérir cette vie monastique
mais à y être enfanté. Bien que poussé par l'Esprit Ga 5, 25
qui fait toute chose nouvelle, à vivre librement ta vie, tu ne peux ignorer l'immense richesse de réflexion, d'expérience, de sagesse, de sainteté vécue et transmise par tous ceux et celles qui nous entourent ou nous ont précédés. Pour tout l'essentiel, ta route est donc balisée et l'Église t'invite à la suivre.

Écoute, mon fils, les préceptes du Maître, incline l'oreille de ton cœur, accueille de bon gré l'enseignement du Père qui t'aime et mets-le parfaitement en pratique[1] . « Moi le Seigneur ton Dieu, je t'enseigne aujourd'hui ce qui t'est salutaire et je
te fais cheminer sur le chemin où tu marches. » Is 48, 17

1. RB, Prologue (I, p. 413).

51 Ne crois donc pas aller plus vite ou avancer mieux en cherchant à tout prix à improviser ou à innover. *Il vaut mieux boiter sur le chemin que marcher à grands pas hors du chemin. Car celui qui boite sur le chemin, même s'il n'avance guère, se rapproche du terme, tandis que celui qui marche hors du chemin, plus il court vaillamment, plus il s'éloigne du terme* [2]. Crois donc que la prière de tous tes devanciers t'accompagne tout au long de cette route monastique et que l'expérience de ces Pères t'instruit.

Ce que Dieu nous demande aujourd'hui, c'est de prolonger, par notre vie pécheresse, la tradition de tant de vies saintes, enveloppés que nous sommes,
He 12, 1 nous aussi, d'une si grande nuée de témoins.

Ainsi l'Esprit et l'Église (l'Écriture et la Tradition) nous enseignent-ils ce qu'est la vocation monastique.

52 La vie monastique est premièrement évangélique.

Elle est l'expression directe de notre charisme baptismal qui veut nous faire passer, à la suite du Christ, de la mort à la vie afin que nous vivions nous aussi
Rm 6, 4 dans une vie nouvelle. Le moine n'est rien d'autre qu'un chrétien intégral. Pour cela, il s'efforce de vivre la radicalité de l'Évangile dans l'absolu d'un geste prophétique. Pour se situer au plan central du christianisme, il accepte d'être lui-même ce champ
1 Co 3, 9-17 où la grâce vit la reprise de la création de l'homme par Dieu et la déification de l'homme en Dieu.

Le mystère monastique n'est rien d'autre que
Lc 10, 42 celui de l'unique nécessaire de l'Évangile, accep-

---

2. S. Thomas d'Aquin, *Evangelium B. Joannis*, Expositio, *caput* XIV, *lectio* II, n° 3 (Citation de S. Augustin, *De Verbis Domini*, Sermon 54).

tant de tout ordonner et tout subordonner à la ren- Jn 14, 1-9
contre vivante, aimante et comblante de Dieu.
Toute sa vie, orientée vers la reconquête de cette
image et de cette ressemblance, est une déifica- Gn 1, 26
tion en cours qui le conduit vers la similitude
d'une même image, toujours plus glorieuse, celle- 2 Co 3, 18
là même du Fils unique. Ep 4, 13

Ton baptême a fait germer en toi un désir infini
de Dieu ; il fait retentir en ton âme un appel inces-
sant à la sainteté. En répondant à ta vocation 1 Th 4, 3-8
monastique, réponds donc à cet appel baptismal.
À la Parole de son Amour divin, réponds par la
parole de ta foi chrétienne, de la foi s'exerçant
dans la charité. Si tu es ce baptisé qui aime, prie, Ga 5, 6
travaille, partage et se repose en Dieu, et qui ne
cherche en ce monde, dans l'esprit des Béatitudes, Mt 6, 33
que Dieu, Seul nécessaire, tu seras moine ou
moniale en vérité. Va jusqu'au bout de l'Évangile : Jn 6, 27
là est inscrit tout le secret de la vie monastique.

La vie monastique est centrée sur Dieu et orien- 53
tée vers lui : elle est théocentrique.

Toute la vie du moine est d'abord une quête de
Dieu. Son existence est incessamment orientée
vers le jour de sa rencontre. Notre vie ne saurait Ph 3, 20
avoir de meilleur but que ce terme de lumière. Le
moine et la moniale se font un devoir de ne jamais
oublier cela ; ils vivent tendus vers cette promesse, Ac 3, 20-21
animés de l'espérance du veilleur qui sûrement
attend l'aurore, et portés par l'amour de la fiancée Ps 129, 6
qui attend fidèlement, lampe allumée, le retour de
l'époux. Dieu *t'a fait pour lui et ton cœur sera* Mt 25, 6-7
sans repos jusqu'à ce qu'il repose en lui[3]. En

3. S. AUGUSTIN, *Confessions*, I, I, 1; Bibliothèque Augustinienne 13, 1962, p. 273.

entrant dans la vie monastique, examine donc
Jn 1, 38 avec soin si tu cherches vraiment Dieu[4] ; non pas
un soutien affectif, un élan apostolique ou même
Jn 14, 8 un climat spirituel, mais Dieu, seulement et pre-
mièrement Dieu. Si tel est bien ton unique désir,
Ex 33, 18 pars alors vers le lieu et le jour de cette rencontre,
sans te borner à l'attendre passivement, mais en
répondant de tout ton cœur à cet appel où Dieu a
mis tout le sien. Car le royaume de Dieu souffre
violence et ce sont les violents qui s'en emparent
Mt 11, 12 ; Lc 16, 16 à l'avance, au prix des plus grands renoncements.

54 La vie monastique est une présence à Dieu.

Nous sommes immergés dans un mystère : avant
nous, en nous, au-delà de nous, il y a Quelqu'un.
Ap 4, 2 Dieu *est*. Il est *là* et il parle. Il *te* parle et tu vis
Ps 138, 1.23 sous son regard. Le moine s'efforce de vivre en
présence de cette personne par excellence qui est
à la fois le « Tu » auquel s'adresse tout son amour
et le « Je » qui s'adresse à lui le premier par pur
Jn 10, 14 amour. Dieu t'a appelé par ton nom et tu oses
l'appeler de son Nom. Tu sais ton propre nom
Is 49, 16 gravé sur ses mains divines et tu laisses le
Seigneur graver son Nom divin sur ton propre
Ap 14, 1 Dt 6, 8 front, attacher sa Loi à ta propre main. Pour le
moine, la moniale, tout, toujours, partout est com-
Is 44, 6-8 mandé par le mystère de cette omniprésence, au
point que tout ce qu'il dit, pense, fait, en est trans-
figuré. Pour le moine, la moniale, tout est reçu.
Tout est icône de Dieu. Rien ni personne ne peut
Sg 13, 5 se préférer à cet amour, rien n'est profane, tout est
sacré — non point sacralisé mais consacré ; la
moindre chose, le moindre moment, chaque évé-
nement oriente à cette Présence et invite au grand

4. RB, 58 (II, p. 627).

recueillement. Contacts, rencontres sont ainsi
transformés, éclairés de cette lumière, transpa-
rents à cette clarté, au long du jour, tout est béni
de bénédictions, le temps comme l'espace rede-
viennent sacrés ; et tous les éléments de ton exis-
tence doivent être comme dissous, refondus et
reconstruits pour être réunifiés au feu de Dieu. Si
tu es moine, pour toi Dieu est tout. Tu n'as donc
guère à parler car tu es le témoin à qui Dieu redit :
« Marche devant moi. » Comme David, comme Dt 10, 12 ; 26, 17
Jean-Baptiste, tu es devant Dieu et tu avances 1 R 3, 6 Lc 1, 17
devant Dieu, mû par cette sommation globale ;
toute ta vie est désormais orientée par cette écoute
et tu n'as plus à te préoccuper ni du vêtement, ni
de la nourriture, ni du lendemain, mais du seul
royaume de Dieu qui est là, au-dedans de toi. Mt 6, 25-34 Lc 17, 21

Cette présence à Dieu entraîne la vraie présence à 55
soi-même, car l'homme habité par Dieu est habité Jn 14, 23
par lui-même. Le moine, invité par la prière et le
silence à rentrer au plus profond de soi, en effet,
s'y découvre lui-même en même temps qu'il y
découvre Dieu. Là, n'importe qui ni n'importe Ap 3, 20
quoi ne peuvent rentrer n'importe quand. Sa vie est
comme en clôture en ce sens que cet être nouveau
est un homme rempli qui a trouvé dans l'Esprit sa Ga 6, 15
plénitude, non pas un homme clos mais un homme Ep 3, 16.19
habité. « Si quelqu'un vit dans le Christ, c'est une
création nouvelle ; l'être ancien en lui a disparu, un
être nouveau est là, et le tout vient de Dieu. » 2 Co 5, 17

Cette présence ne doit te rendre ni insensible, ni
distant, ni hautain ; elle t'ouvrira au contraire à un
nouveau mode d'attention aux autres et au 1 Jn 4, 16
monde : une attention spirituelle faite de délica-
tesse, de tendresse, de réalisme, de respect. La
paix ainsi retrouvée plongera ton âme dans une
joie quasi paradisiaque où tout, nature, objets, Ph 4, 7

personnes, événements, épreuves pas à pas seront transfigurés à la lumière de cette présence et de ce premier souvenir retrouvé nous rappelant que
Ps 40, 13; 55,14 ; 139, 14 ; Os 6, 2 nous avons été faits à son image et qu'un jour, éternellement, nous vivrons en sa présence.

56 Toi donc, comme Abraham, marche en sa pré-
Gn 17, 1 sence et sois parfait, et tu verras et goûteras comme
Ps 33, 9 est bon le Seigneur, heureux de t'abriter en lui.

Veille sur toi-même avec grand soin et tiens-toi devant Dieu constamment, en sorte que tu ne fasses aucune chose, même la plus petite, en dehors de sa volonté. Mais quoi que tu veuilles faire – parler, aller chez quelqu'un, travailler, manger, boire ou dormir – examine d'abord si c'est selon Dieu ; alors tu pourras louer Dieu en la faisant ; sinon ne le fais pas. Et ainsi tu agiras désormais comme il convient devant Dieu, et tu le loueras par toutes tes pensées et tes actions afin d'avoir auprès de lui une grande proximité et une grande assurance[5].

Aspire à vivre du perpétuel souvenir de Dieu, dans la lumière de sa présence et le désir brûlant de sa rencontre, et dans la joie du renoncement à tout ce qui te couperait de lui tu pourras redire : « Je me
Jon 2, 8 ; Tb 4, 5 suis souvenu de Dieu et j'ai été dans la joie. »

La moniale ou le moine, c'est quelqu'un à qui Dieu suffit.

57 La vie monastique est imitation du Christ et marche à sa suite : elle est christologique.

---

5. ABBA ISAÏE, dans *Les Sentences des Pères du désert*, Éd. de Solesmes, 1981, p. 253.

Parce que Jésus est la parfaite image de l'homme
pour Dieu et la parfaite image de Dieu pour
l'homme, Dieu passionné pour l'homme dans un
Homme passionné de Dieu, tu es invité à faire en
toi l'unité entre l'homme et Dieu dans l'imitation Jn 1, 11-16
du Dieu fait Homme. Tout ton idéal monastique
est contenu dans ce Visage.

À la suite de saint Antoine, le Père des moines, tu
as entendu le même appel : « Si quelqu'un veut être
mon disciple, qu'il renonce à lui-même, qu'il se
charge de sa croix et qu'il me suive. » Si tu l'aimes, Mt 16, 24
toi aussi, suis-le et imite-le. C'est à cela que tu as Jn 12, 26
été appelé : le Christ a souffert pour toi, te laissant
un modèle afin que tu marches sur ses traces. 1 P 2, 21

Ta vie monastique te convie à vivre le mystère
du Corps du Christ et des noces de l'Agneau pour
ne plus faire qu'un avec lui : pour être aimé du
Père, conforme-toi à son Fils unique, confonds-toi
en lui afin de pouvoir redire : « Ce n'est plus moi
qui vis, c'est le Christ qui vit en moi. » Ga 2, 20
L'unification que vise la vie monastique doit te
conduire à pouvoir dire un jour : « Le Christ et
moi nous sommes un ; il demeure en moi et moi
en lui. » Pour toi aussi, vivre, c'est le Christ. Jn 6, 56 Ph 1, 21

Le moine réalise cette plénitude de vie lorsqu'il 58
parvient à se couler dans la plénitude de l'adop-
tion filiale. Parce qu'il ne quête plus les nourri-
tures terrestres, il devient un peu plus le fils du
Père céleste qui l'habite et le nourrit. Parce qu'il
refuse de suivre Mammon pour mieux servir la Mt 6, 32
paix, il devient un peu plus fils de Dieu. En refu- Mt 5, 9
sant de pactiser avec le péché, il est fait parfait
comme le Père du ciel est parfait. En arrachant ses Mt 5, 48
regards de la terre, il se laisse entraîner avec le
Fils remontant vers les hauteurs. Sa patrie n'est

He 11, 16 plus en ce monde qui passe mais dans le ciel où le
Jn 14, 3 Fils est allé lui préparer une place. Cherchant
Dieu et Dieu seul, il trouve dans le Christ la plé-
nitude radieuse de la divinité venue rejoindre dans
Ph 3, 20-21 la chair sa propre humanité pour la transfigurer.
Ravi de joie, il a découvert qu'une source existe
en lui et murmure : *Viens vers le Père* [6]. Une voix
lui proclame : «Je monte vers mon Père et votre
Jn 20, 17 Père, vers mon Dieu et votre Dieu», et il a pris la
route à sa suite.

59 Voilà à quoi t'invite et t'engage l'imitation du Christ dans l'idéal monastique. L'imitation te conduira à l'identification ; l'identification à l'incorporation ; l'incorporation à la divinisation. Si tu as renoncé à tout, tu seras introduit au partage de tout dans le sein du Père, car il veut que là où est son Fils, tu sois aussi avec lui pour contempler
Jn 17, 24 sa gloire.

Un seul nom peut résumer pour toi cette prodigieuse aventure : le nom qui est au-dessus de tout
Ph 2 ,9 nom, le Nom qui est le lieu privilégié de l'homme
Ac 4, 12 et de Dieu, le Nom qui a la légèreté et la puissance
de l'Esprit, révélé à Marie qui fut avec Joseph la
Mt 1, 21; Lc 1, 31 première à l'entendre et à le lui murmurer ; ce
Nom qui progressivement doit t'absorber et en qui tu seras absorbé au point que toute la vie sera à peine suffisante pour l'apprendre, le dire et le prier, le Nom par qui tu es déjà sauvé car il est écrit en lettres d'amour, de sang et de feu : *Jésus*. C'est le Nom qui purifie, libère, simplifie, unifie et crée le moine au souffle de l'Esprit. Que toute ta vie monastique concoure donc à vivre du nom
Ph 2, 10 de Jésus.

---

6. IGNACE D'ANTIOCHE, Lettre aux Romains VII, 2 ; SC 10, 1969, p. 117.

La vocation monastique est spirituelle. Elle vise à faire de ceux qui la pratiquent des porteurs de lumière et d'Esprit. Leur œuvre essentielle consiste à laisser transparaître en eux la beauté spirituelle de la création transfigurée par l'Esprit Saint. 60 1 Th 5, 19

L'âme qui possède la Sagesse porte en elle-même comme l'éclat de la lumière éternelle et le reflet de la majesté de Dieu et de même qu'intérieurement elle est pénétrée de la grâce de Dieu, de même à l'extérieur elle répand l'émanation de la splendeur et de l'amour de Dieu... Ainsi, les amis de Dieu reçoivent-ils déjà en cette vie quelque chose de la glorification qu'ils obtiendront pleinement là-haut[7].

Laisse donc remonter du tréfonds de toi l'Image 61
première de Dieu qui fera de toi une Ressemblance Col 3, 10
dernière, comme il convient à l'action du
Seigneur qui est Esprit. Cet Esprit te mettra de 2 Co 3, 15-18
plus en plus, si tu le laisses vivre et agir en toi,
dans la mouvance d'une immense liberté au-dessus Ga 5, 25
de toute lettre et de toute institution, soumis à tous
mais libre à l'égard de tous, tout entier habité par 1 Co 9, 19
la seule parole de Dieu et la criant, dès lors, dans 2 Co 3, 3-6
le silence, par toute une vie d'amour.

Le moine prie Dieu par une prière ininterrompue, pour purifier son esprit des pensées nombreuses et contraires et pour que son esprit devienne moine en lui-même et seul devant le vrai Dieu, n'admettant pas les pensées du mal, demeurant en tout temps pur et intègre devant Dieu[8].
Puisque l'Esprit est notre vie, que l'Esprit nous

7. GUILLAUME DE SAINT-THIERRY, *Traité de l'Amour de Dieu*, éd. M.-M. Davy, Paris, 1953, p. 131

8. S. MACAIRE, Homélie 56 ; dans *Les Homélies spirituelles*, Éd. de Bellefontaine, coll. Spiritualité Orientale 40, 1984, p. 393.

Ga 5, 25 fasse aussi agir, afin que, éveillés ou endormis,
1 Th 5, 10 nous vivions unis au Christ.

62 C'est en ce sens que la vie monastique est dite
aussi angélique : non pas désincarnée ni désenga-
gée, mais franchement tournée vers le ciel où
Dieu réside. Toute vie chrétienne est attirée par
cet élan ascensionnel : nous sommes tous en
Col 2, 12 quelque sorte déjà là-haut et ce serait une illusion
de croire que notre avenir est ici-bas. Avec Jésus,
le Père nous a ressuscités et fait asseoir aux cieux
Ep 2, 6 dans le Christ. Ta vocation monastique t'invite
donc instamment à rechercher les choses d'en-
haut, là où se trouve le Christ, à songer aux choses
du ciel, non à celles de la terre ; car tu es déjà mort
et ta vie est désormais cachée avec le Christ en
Col 3, 1-3 Dieu. Là aussi se trouvent les vraies joies. Ce
n'est pas d'emblée que tu comprendras que les
He 11, 3 choses célestes et invisibles sont plus réelles et
plus actuelles : les choses visibles en effet n'ont
2 Co 4, 18 qu'un temps, les invisibles sont éternelles. C'est
Jn 5, 44 là l'inverse de la gloire que le monde cherche. Un
jour nous serons tous comme des anges dans les
Mc 12, 25 cieux.

Par la virginité du cœur, la conversion des
mœurs, tends *à acquérir ce clair regard qui donne
de voir Dieu*[9] et, dans la liturgie, chante le Sei-
gneur en communion avec les saints et les anges.
En entrant dans la vie monastique, tu t'es appro-
ché de la montagne de Sion, de la cité du Dieu
vivant, de la Jérusalem céleste, des myriades
d'anges, de l'assemblée de fête des premiers-nés
He 12, 22-23 qui sont inscrits dans les cieux. Heureux si ton
Mt 5, 8 ; 18, 10 cœur est pur : il verra Dieu avec les anges.

9. S. Bruno, À Raoul Le Verd, 6 ; dans *Lettres des premiers chartreux*, SC 88, 1962, p. 71.

À cause de cela, la vocation monastique est également prophétique. 63

Par toute leur vie, le moine et la moniale rappellent au monde le caractère provisoire de leur 1 Co 7, 31
condition présente et à l'institution ecclésiale que 1 Jn 2, 17
leur unique but, par-delà le culte, le juridisme et la morale, reste cette communion totale et immédiate avec Dieu. *C'est à une vie vraiment prophétique que je vous vois appliqués... Marcher dans l'Esprit, vivre de la foi, chercher ce qui est en-haut et non ce qui est sur terre, oublier ce qui est derrière et se tendre vers ce qui est en avant, c'est bien prophétiser de manière partielle mais grande cependant*[10].

Sois au cœur de ce monde comme un feu allumé Lc 12, 49
par le Christ pour lui en rappeler la brûlante exigence, et prophète de la parousie pour lui en redi-
re la vibrante espérance. Marche à la suite d'Élie Ap 21, 1.4
et de Jean-Baptiste, les grands modèles de toute vie monastique. Consacrés dans l'Esprit, le moine et la moniale sont appelés à déchiffrer le visible et à scruter l'invisible, à orienter vers Dieu le main-
tenant et à annoncer l'au-delà à la lumière de sa 1 Jn 3, 2
foi. Ne crains pas d'aller toujours et d'emblée à l'essentiel et, quand il le faut, de vivre en contradiction avec le monde : dans le monde tu auras à souffrir, mais garde courage, le Christ a vaincu le
monde. Scrute la trace de Dieu dans le quotidien, Jn 16, 33
quête son visage dans l'invisible, garde les yeux fixés sur ta récompense, et comme si tu voyais cet
invisible, tiens ferme. He 11, 26.27

Ainsi es-tu conduit à considérer ta vocation comme également eschatologique. 64

10. S. BERNARD, *Sermon de Dir.* 37, 6.

Tout le labeur monastique vise à anticiper le règne de Dieu et à goûter dès ici-bas quelque chose de la vie promise au-delà.

Le moine est quelqu'un à qui Dieu a parlé, qu'il a
Jr 20, 7 séduit, qui s'est laissé séduire et qui, désormais,
Jn 14, 8 brûle du désir intense de voir Dieu et d'engager
avec lui un dialogue d'amour de plus en plus fort et
Ps 41 qui ne cessera plus. Comme Jacob luttant avec Dieu
tout au long de la nuit, il répète : « Je ne te lâcherai
Gn 32, 27 pas que tu ne m'aies béni ! » Le moine et la
moniale sont poussés par cette attirance invincible
à être enfin seul avec Dieu seul pour mieux servir et
Jn 8, 29 ; 16, 32 retrouver en lui ce qu'ils ont quitté pour lui. Ils sont
amenés à tout mettre en œuvre pour y parvenir,
dans l'extérieur des observances ou l'intérieur de la
purification du cœur. *La raison pour laquelle ils
aiment Dieu, c'est Dieu lui-même, et la mesure de
leur amour, c'est d'aimer Dieu sans mesure*[11].

65 2 S 22, 27 Ils savent que Dieu reste le pur, l'inaccessible, le
Is 6, 3 tout autre, le Très Saint, et que par eux-mêmes ils
sont incapables de l'atteindre et ne peuvent le voir
Ex 33, 22-25 sans mourir. C'est pourquoi ils veulent mourir.
1 Jn 3, 2 Non point à la vie, mais au vieil homme, au
Ep 4, 22-24 monde, au péché, qui empêchent de voir, de vivre,
de s'épanouir. Ils ont compris que s'ils ne peuvent
monter jusqu'à Dieu, ils peuvent l'accueillir en
Jn 4, 23 ; 1 Jn 4, 13 eux, le retrouver au fond de leur cœur, et qu'à la
suite de Jésus, une route nouvelle est ouverte où ils
Jn 10, 9 ; 14, 6 sont entraînés avec lui vers le ciel. Car ils sont
morts, comme il est écrit, et leur vie est désormais
Col 3, 3 cachée avec le Christ en Dieu. Avec lui, le Père les
a ressuscités et fait asseoir aux cieux dans le Christ
Ep 2, 6 Jésus. Ayant vu une porte ouverte dans le ciel, une

---

11. S. BERNARD, *Traité de l'amour de Dieu* I, 1 ; dans *Œuvres mystiques*, Éd. du Seuil, 1953, p. 29.

porte étroite et un chemin resserré qui mène à la Mt 7, 14
vie, tout se résout désormais pour eux à prendre ce
chemin et à passer par cette porte pour plonger déjà Jn 1, 51 ; 3, 7
dans la vision qu'elle ouvre sur l'invisible.

Les yeux fixés sur cette heureuse fin, que ta vie He 11, 26
monastique cherche dès ici-bas à inaugurer l'éternité.

Toi, donc, reconnais cet état d'exil qui te fait, 66
parce que voyageur et étranger sur la terre, aspirer He 11, 13
à une patrie meilleure, c'est-à-dire céleste. Sache He 11, 16
te situer d'emblée au dernier jour de ta vie, et, à la
lumière de ce regard, éclaire ton existence quoti- 2 Tm 4, 6-8
dienne comme si ce jour était ton dernier jour.
C'est pour cela que les moines ont toujours aimé
méditer sur la mort et les fins dernières. Pour *vivre
un ciel anticipé*[12], n'attends pas ta mort pour mou-
rir ! Oubliant le chemin parcouru, va droit de
l'avant, tendu de tout ton être et cours vers le but
en vue du prix que Dieu t'appelle à recevoir là-
haut dans le Christ Jésus. C'est là que le Seigneur Ph 3, 14
t'a préparé, au-delà de toute mesure, une masse
éternelle de gloire. 2 Co 4, 17

On ne peut parvenir à ce terme qu'au prix d'une 67
véritable mort à soi-même. Pour être mystique, la Col 2, 13.20
vie monastique reste donc fondamentalement une
vie ascétique.

Ta première ascèse est dans le renoncement.

Il n'est pas possible d'être disciple du Christ
sans cela. Plus encore que la vocation apostolique, Jn 12, 24-25
la vocation monastique t'appelle à un renonce-

---

12. Élisabeth de la Trinité, Lettre 123 ; dans *Œuvres complètes*, Éd. du Cerf, 1991, p. 410.

ment sans hésitation et sans partage. Le vrai moine
Lc 9, 23s ; 14, 25s est celui qui accepte de tout quitter, tout de suite et
pour toujours, afin de sauver sa vie en la perdant
Mt 10, 39 pour Dieu. Tu ne peux être tout au monde qui vient
sans avoir tout quitté du monde qui passe. Tu ne
Mc 4, 24 peux servir deux maîtres à la fois. La mesure de ton
attachement à Dieu sera celle de ton détachement
du monde. De la mesure dont tu mesureras, Dieu
mesurera pour toi. Ne mesure donc pas tes renon-
cements et tu goûteras la joie d'un amour sans
Jn 16, 22 mesure. Tu sauras l'allégresse du centuple promis à
Mc 10, 30 ceux qui ont tout quitté, en cette vie déjà.

68 L'ascèse monastique t'invite aussi au dépouillement.

La porte du Royaume est si étroite que l'on ne
Lc 12, 20 peut la franchir que dans la nudité. Comme le
Jb 1, 21 Christ, tu mourras dans le total dépouillement.
Moine, moniale, tu choisis librement d'anticiper
ce jour. Les biens terrestres sont bénis de Dieu
Ap 3, 17-18 mais tu choisis de t'en séparer. La famille est
Lc 9, 60 bonne mais tu acceptes de la quitter, de t'arracher
à celle qui t'a donné le jour et de ne pas fonder
1 Co 7, 8 ; 7, 32-34 celle par qui tu pourrais donner le jour. Tu iras
même jusqu'à te dépouiller de ton propre moi,
Lc 14, 26 jusqu'à haïr ta propre vie, c'est-à-dire jusqu'à
vivre les plus radicales ruptures. Ce qui fait le
Ps 39, 9 ; Mt 7, 21 ; Jn 12, 49-50 moine, c'est l'abandon de toute espèce de projet
propre. En t'appelant à être moine ou moniale, le
Christ a fait du monde un crucifié pour toi et de
Ga 6, 14 toi un crucifié pour le monde. Ainsi la mort fait-
2 Co 4, 12 elle son œuvre en toi et la vie en lui.

69 Voilà pourquoi ta vocation monastique te
conduit à une vie de joyeuse pénitence et de libre
Mt 6, 17 privation.

Privation de nourriture, en choisissant, avec
sagesse et sans outrance, la frugalité pour chaque
jour, et le jeûne certains jours. Mc 9, 29

Privation de confort, en préférant, à l'aise, la
nécessité ; car se mettre à l'aise, c'est se mettre en Ph 4, 12
dehors de la vraie paix.

Privation de sommeil, en acceptant la discipline
du juste nécessaire et de veiller parfois au moins
une heure avec le Christ. Mc 14, 37

Cela, tout un monde ne le comprendra pas. Mais Jn 15, 19
tu le vivras en union à celui qui a tant souffert
pour toi, achevant en ton corps ce qui manque à sa
Passion, et en compassion pour le monde des plus
pauvres et pour son Corps qui est l'Église. Col 1, 24
Renoncer, se dépouiller, se priver, accepter de tout
perdre pour gagner le Christ, c'est s'ouvrir à la Ph 3, 8
vraie vie et à la joie parfaite. Voilà ce que chante Jn 15, 11
ta vie monastique.

C'est pour cela que ta vocation va jusqu'au désir 70
de quitter la terre. Non pas par dédain de cette vie Ph 1, 21
ni mépris d'un monde si digne d'amour, mais par
désir brûlant d'anticiper sur la vie future et d'en-
trer ainsi au plus tôt dans une existence nouvelle. Ep 4, 22-23
Ou bien ignores-tu que, baptisé dans le Christ
Jésus, c'est dans sa mort que tu as été baptisé ? Tu
as donc été enseveli avec lui par le baptême dans
la mort, afin que, comme le Christ est ressuscité
des morts par la gloire du Père, tu vives toi aussi
dans une vie nouvelle. C'est parce qu'il sait qu'on Rm 6, 3-4
ne peut entrer au ciel sans mourir que le chrétien
redonne, avec sa foi, un sens au non-sens de la
mort causée par le péché. C'est pour hâter cette Rm 5, 12
pâque que le moine, chaque jour, choisit de mourir. 1 Co 15, 31
Sa vie, nul ne la prend mais c'est lui qui la donne.

Jn 10, 18 S'il ne meurt, il reste seul ; mais s'il meurt dès ici-
Jn 12, 24 bas, il porte déjà du fruit. C'est pour être vraiment
vivants que moines et moniales choisissent libre-
ment de mourir ! Afin que ne soit pas réduite à
1 Co 1, 17 néant la croix du Christ. Ils vont au-devant de la
Jn 12, 27 mort comme le Christ l'a fait, par obéissance
He 5, 8 d'amour, au Père de tout amour. Qui aime sa vie
la perd et qui meurt à sa vie en ce monde la
Jn 12, 25 conservera en vie éternelle.

71 Le Christ est mort pour toi, te laissant un
1 P 2, 21 exemple, afin que tu suives ses traces. Non, tu
n'as rien d'autre à savoir, sinon Jésus Christ et
1 Co 2, 2 Jésus Christ crucifié. Ta route monastique passe
donc par la croix, non par désespoir d'amour mais
Jn 15, 13 pour le plus grand amour. Meurs au monde pour
t'ouvrir à la Vie ! Meurs à l'emprise du Mal pour
Jn 8, 36 entrer dans la liberté ! Meurs à toi-même pour
renaître à nouveau ! Meurs à la mort, dernier et
1 Co 15, 26; 15, 55 suprême ennemi de l'homme et de Dieu, vaincue
par l'Homme-Dieu, et en toi aussi habitera corpo-
Col 2, 9 rellement la plénitude de la divinité. Au fond de
cette immolation, s'ouvre le chemin de ta suprême
liberté : c'est pour que tu sois libre que le Christ,
Ga 5, 1 t'attachant sur la croix avec lui, t'a libéré.

72 Pour exprimer cet idéal du christianisme intégral vivant jusqu'au bout la grâce baptismale, la tradition a trouvé un mot qui exprime tout cela à la fois, et c'est le terme : monastique.

Il signifie que, dans cet état, on est en même temps, « un » et « seul ». Le moine est seul *(monos). Un, unique, unifié, uni au Dieu Unique et Trine*[13]. Tu as reçu cette vocation de marcher à

13. DENYS L'ARÉOPAGITE, *Hiérarchie ecclésiastique*, VI,3 ; trad. M. de Gandillac, dans *Œuvres complètes*, Aubier-Montaigne, 1943, p. 307.

la suite du Christ qui fut de plus en plus seul
devant son Père, toi aussi seul en face du Seul. Tu Jn 16, 32
veux chercher Dieu en tout, toujours et partout et
lui seul car il est tout, en tout être et en tout lieu. Dt 32, 12
Que ce soit dans la solitude ou le partage, dans
l'amour fraternel ou la descente au fond de toi,
loin des autres ou au milieu du monde, ton désir Jn 14, 8
est la rencontre du Père. Ta vie, de ce fait, ne saurait faire l'économie du silence et de la solitude. C'est dans la mesure où elle en sera baignée qu'elle sera monastique.

*Le moine doit son nom, en premier lieu au fait qu'il est seul, puisqu'il a renoncé au monde, au-dedans et au-dehors... et qu'il s'attache à un tout unique, à savoir, reposer sa pensée en Dieu seul à chaque instan*t [14].

Une exigence précise et concrète traduira pour 73
toi cet essentiel du cœur à cœur avec Dieu : celle de ta cellule. Qu'elle soit vraiment pour toi le temps et le lieu privilégiés où tu reviens et d'où tu pars chaque jour, car c'est là, dans le face à face, que tu écouteras et prieras au mieux ton Père qui
te voit dans le secret, et que tu resteras en com- Mt 6, 6
munion profonde avec le monde, intercédant pour lui dans ta prière et t'apprêtant ainsi à le mieux servir dans le travail, les rencontres, la liturgie. Souviens-toi de l'enseignement si éloquent des Pères : *Reste assis dans ta cellule, elle t'enseignera tout ce que tu dois savoir* [15].

Le moine est également un (*unus*). Unifié pour 74
être unifiant. Unifié en lui-même et uni à ses Jn 17, 21

14. S. Macaire, Homélie 56 ; dans *Les Homélies spirituelles*, p. 393.
15. Moïse 6, dans *Les Sentences des Pères du désert*, 1981, p. 190.

frères. Lien d'unité entre la terre et le ciel, entre l'homme et Dieu. Ce n'est pas en effet la solitude
Rm 12, 9-10 qui est un bien en soi mais la communion. La solitude n'est que le chemin vers la communion. C'est pourquoi le moine n'est pas seulement *monos* mais également *unus*. De même qu'il n'est pas bon que
Gn 2, 18 l'homme reste seul, le but du moine ou de la moniale n'est pas d'être un solitaire, mais un être de suprême communion. S'il choisit de vivre une certaine rupture, c'est à cause du péché qui a tout mélangé et divisé. Mais, pas à pas, il veut faire
1 Co 13, 12-13 l'unité, laisser la grâce, en lui, refaire l'unité.

1 Co 2,10-15 Sois donc d'abord toi-même le champ de ta propre unification : laisse l'Esprit rétablir en toi peu à peu l'harmonie première ; laisse le feu de
3, 12-15 Dieu brûler en toi tout ce qui encombre l'or pur ; laisse l'eau du côté du Christ laver ta robe et tes péchés. *En paix avec toi-même tu seras alors source de paix pour les autres*[16].

75 Dans ta communauté, construis l'unité. C'est à
2 Co 5, 18 une œuvre de réconciliation, d'amour et de cohé-
1 Co 12, 12s sion que, membre du Corps du Christ, tu es appelé. Il ne te servirait à rien d'être un saint solitaire si tu n'étais un ferment d'unité. *Les moines, comme les saints, sont, par la contemplation, unis à Dieu et les uns aux autres*[17].

Ceux qui vivent en commun, de manière à ne faire qu'un seul homme et à réaliser cette expression de l'Écriture : «une seule âme et un seul cœur» méritent qu'on leur applique le nom de moines, c'est-à-dire d'un seul[18].

---

16. S. Théodore Studite, *Petite Catéchèse*, éd. Harduini, Paris, 1981, p. 142.
17. Origène, *Sur la Prière*, 16.
18. S. Augustin, *Commentaire sur les Psaumes*, 132, 6.

Au cœur du monde, enfin, où tu es, libre à
l'égard de tous, demeure tout à tous afin d'en 1 Co 9, 19
gagner, par ta prière, le plus grand nombre et
qu'au terme, il n'y ait qu'un seul troupeau et un Ep 2, 14s ;
seul berger. Jn 10, 16

Cette solitude et cette unité, tu ne pourras donc les 76
vivre sans écartèlement ; entre le Père et les frères ; Lc 12, 51
cette vie et l'autre vie ; la prière et le travail ; le Mt 10, 34-39
silence et le partage. Rassure-toi, c'est ainsi en
tout monastère. C'est ainsi pour tout vrai chrétien.

Ta vocation passera nécessairement, comme pour Jésus et à sa suite, par l'écartèlement de la croix à cause de ce double amour dont le rachat reste le prix du sang. Jusqu'à ce que Dieu te donne de goûter en lui l'unité parfaite dans la
diversité parfaite au sein de son mystère d'Amour Jn 17, 21-23
trinitaire, tu auras à garder le souvenir de la double exigence de la solitude et de la communion. *Est moine celui qui, séparé de tous, est uni à tous*[19].

Un mot résume le lieu vers où converge toute 77
cette aventure de sainteté : le cœur.

Où serait le trésor du moine sinon au fond de
son cœur ? Au-dedans de toi il est un lieu, plus Mt 6, 21
intime à toi que toi, où tu ne saurais même entrer sans la permission de Celui qui l'habite déjà, mais dont tu ne peux trouver le chemin qu'au prix
d'un long effort, qu'avec la lumière d'une grande 1 Co 2, 10
pureté, qu'au terme d'un total dépouillement.
C'est là où Dieu a mis l'étincelle du divin que tu Ps 8, 6

19. ÉVAGRE LE PONTIQUE, *Chapitres sur la prière*, 124 ; dans *La Philocalie*, DDB-J.-Cl. Lattès, 1995, p. 109.

portes en toi, l'image de son visage qui t'a fait à sa ressemblance, la source de l'eau vive qui peut
Jn 4, 14 jaillir en toi en Vie éternelle.

Dieu a fait ton cœur assez grand pour le contenir. Ton cœur contenant celui que l'univers ne contient pas, est donc plus grand que l'univers.
Dt 30, 14 Au cœur de toi réside le Créateur du monde et, avec lui, le monde !

Saisi, fasciné, ébloui par cette révélation, le
Dt 6, 6 moine met toute son énergie à descendre jusqu'au tréfonds de son cœur. Il sait que le vrai pèlerinage
Jr 31, 33 ; 24, 7 de l'homme est intérieur ; qu'il est un lieu de son être où le commencement rejoint la fin, où l'Éternité rejoint le Temps ; où une réalité immortelle
2 Co 3, 3 est inscrite en lui dès avant la création du monde pour survivre à jamais, sainte et immaculée, en
Ep 1, 4 présence du Père, dans l'Amour. Il sait que la perle précieuse est cachée au milieu de ce champ et il s'en va, tout joyeux, laissant tout, afin de
Mt 13, 44-45 retourner ce champ.

78 Tu es le champ de Dieu, l'édifice de Dieu. Que
1 Co 3, 9 tout dans ton existence concoure donc à la décou-
Mt 13, 44 verte de ce trésor. En vérité, en vérité, le royaume de
Lc 10, 11 Dieu est au-dedans de toi. Cherche d'abord, cherche seulement le royaume de Dieu qui est au tréfonds de
Mt 6, 33 ton cœur et tout le reste te sera donné par surcroît. La moniale et le moine, c'est quelqu'un à qui Dieu suffit, parce qu'ils ont compris cela.

C'est dans ton cœur que tu trouveras le plus court chemin vers les autres [20]. C'est dans ton
Jr 32, 39-40 cœur que tu te sentiras le plus proche du Très-

20. Dorothée de Gaza, *Instructions* VI, 78 ; trad. L. Régnault, SC 92, 1963, p.285-286..

Haut. C’est dans ton cœur que tu découvriras ce
qui est à la fois le plus personnel et le plus com-
mun. Si tu descends au fond de ton cœur, tu
atteindras à l’universel. C’est là que ta vie est
désormais établie avec le Christ dans le sein du Ep 2, 18
Père. C’est là que ta vie est la plus incarnée au
cœur du monde pour Dieu. C’est là que tu
découvres combien tous les autres sont des frères Ep 4, 13
dans l’unité parfaite du même Dieu.

Ou bien tu seras moine au fond de ton cœur, ou 79
bien tu ne le seras pas.

Contemple le cœur transpercé du Christ : il t’en- Jn 19, 37
seignera de quel immense amour Dieu t’a aimé.
Laisse-toi, comme Marie, envahir par sa Parole Lc 2, 35
qui est un glaive tranchant, plus incisive qu’aucun
glaive à deux tranchants ; que la parole de Dieu
pénètre en toi jusqu’au point de division de l’âme
et de l’esprit, des articulations et des moelles, jus-
qu’à juger les sentiments et les pensées de ton He 4, 12
cœur, et tu sauras le secret de toutes choses, au-
delà même de ce qui peut monter du cœur de
l’homme : là, en toi, l’Esprit scrutera tout, jus- 1 Co 2, 9-10
qu’aux profondeurs divines !

Le vrai moine, comme le vrai croyant, l’est au-
dedans, dans le cœur, selon l’Esprit et non selon la
lettre, il tient sa gloire non des hommes mais de Dieu. Rm 2, 29

Au cœur des villes, vis au cœur de toi-même, et
tu seras vraiment moine, au cœur de Dieu.

7. *Chasteté*

Aime la chasteté car elle est le chemin qui 80
conduit à la rencontre de Dieu. Dieu est Amour, 1 Jn 4, 8
parce qu'il est pur. Il est pur parce qu'il est Un, un Ps 17, 27
dans le pur Amour, un dans la pureté qui rayonne
en Amour parfait.

La chasteté t'ouvre donc au véritable amour. Par
elle Dieu veut te faire monter de la rencontre à
l'unité, de la fécondité à la vie, du plaisir passager Lc 20, 35-36
au bonheur infini.

C'est dans la contemplation de l'Amour trinitaire que tu trouveras la véritable lumière éclairant le mystère de ta propre chasteté. Par là seulement tu dépasseras le moralisme sec ou le stoïcisme froid. Si Dieu, l'Église et le monachisme te convient à la chasteté, c'est pour aimer.

Parce que ton Dieu est un feu consumant, tu ne 81
peux l'approcher sans être consumé. Parce que la He 12, 29 1 Co 3, 13
sagesse d'en haut est d'abord pureté, tu ne peux la
goûter sans être purifié. Laisse-toi donc refaçonner Jc 3, 17
par celui qui t'a déjà pétri. Seul l'Esprit Saint, qui Gn 2, 7
veut devenir en toi feu et lumière, pourra t'éclairer
et te laver du dedans, où est le secret de toute pure- Mc 7, 14-23
té. Car, si rien n'est impur en soi, tout ne redevient Rm 14, 14-20
pur en toi que comme à travers le feu. La chasteté 1 Co 3, 15
est ce passage rude et joyeux au feu de Dieu. Lc 12, 49 ; Is 33, 14

Comme tout chrétien tu es appelé à un amour de chasteté.

Au sein d'un monde dont le péché a renversé
l'harmonie, sali la beauté première, jusque dans ton
Mt 15, 18 être profond où ton cœur est divisé, tu vis, comme
tout homme, l'antagonisme entre la chair et l'Esprit,
Ga 5, 17 si bien que tu ne fais pas ce que tu voudrais.
Accepte ce combat, même le jour où tu te repren-
drais à dire : « Malheureux homme que je suis ! Qui
Rm 7, 24 me délivrera de ce corps qui me voue à la mort ? »

82 Au-delà de l'incompréhensible apparent et de la
2 Co 5, 2 douleur de ton combat, peut-être jusque dans le
gémissement, l'amour chaste t'ouvrira à la lumière
de la vraie liberté.

Aie le courage de dire que ta chasteté, pour une
part, est un renoncement. Mais garde la joie de
voir que cette ascèse te conduit à la sainteté. À
l'encontre de l'érotisme qui individualise, relati-
vise dans l'instant, matérialise la personne en la
2 P 2, 13 s chosifiant, enténèbre et, finalement, attriste
l'amour, la chasteté t'aidera à renoncer au transi-
toire et à l'illusion. Elle te révélera le vrai visage
de la vie. Peut-être penseras-tu certains jours :
Ps 118, 9 « Comment, jeune, garder pur son chemin ? »
Crois alors que Dieu est là, à la fois pensant et
agissant en toi afin de te rendre pur et irrépro-
chable, au sein d'un monde où tu dois briller avec
Ph 2, 13-15 tes frères comme un foyer de lumière.

83 Au-delà de la lutte et du renoncement, la chas-
teté t'introduit à la paix et à l'épanouissement. Par
Jn 1, 14 elle, tu sauras voir dans la chair la trace de
l'Esprit, dans l'autre aimé la présence de l'univer-
Is 58, 11 sel, dans tout visage le reflet de la Beauté sublime,

et au tréfonds de ta vie la Source divine qui jaillit. Jn 4, 14
Ce qu'il y a de pur, voilà ce qui doit te préoccu- Ph 4, 8
per, affirme-toi ministre de Dieu par la pureté. 2 Co 6, 6
Garde le courage de le chanter.

La vie monastique t'invite au célibat consacré. 84

À la suite du Christ qui naquit d'une vierge,
bénie entre toutes les femmes, et choisit librement Lc 1, 42
de n'être pas marié, te voici appelé, pour marcher
derrière lui, à tout quitter y compris mari, femme Lc 9, 23
et enfants, et jusqu'à ta propre vie. Mt 19, 27 s. Lc 14, 26

Disciple, tu n'es pas différent de ton maître. Lc 6, 40
Disciple accompli, tu seras comme ton maître. Ta
virginité vécue en lui fait de toi un témoin silen-
cieux et fort de Jésus Christ. Par là, te voici conduit
à devenir de plus en plus seul en face du Seul, mais 1 Co 9, 19
au nom d'un Amour suprême, celui-là même de
ton Seigneur et ton Dieu, fasciné par la beauté du
Ressuscité. Véritablement, moine et moniale Jn 20, 28
devant les hommes et devant Dieu. Au risque de
paraître dire quelque chose d'un peu fou, te voici
fiancé à un Époux unique, comme une vierge pure
à présenter au Christ. C'est pour cela que le 2 Co 11, 2
Seigneur t'a séduit et que tu t'es laissé séduire, Jr 20, 7
qu'il t'a conduit au désert pour parler à ton cœur. Os 2, 16

Hors de cette perspective essentielle, ton célibat 85
consacré perdrait sa valeur, son sens et sa joie.
Mais si tu le vis dans la certitude de cette Présence,
tu goûteras l'allégresse profonde et paisible de te
savoir fiancé à Dieu pour toujours dans la justice et
dans le droit, dans la tendresse et dans l'amour. Os 2, 21

À ce don d'amour, tu pourras ajouter alors la
valeur du témoignage. Car c'est en vue du royaume

Mt 19, 12 des cieux que le Christ t'appelle à vivre ainsi. Ce
don de toi criera ta foi. Il dira, n'étant pas de ce
Jn 15, 19 monde, ton espérance des cieux nouveaux et de la
terre nouvelle attendus selon sa promesse, où la
2 P 3, 13 justice habitera. De ce monde à venir où nous
serons, ressuscités, non plus femme ni mari, mais
Mc 12, 25 comme des anges dans le ciel, comblés en tout
Is 54, 1-10 notre être d'un bonheur d'éternité.

Que ta vie ainsi consacrée à cette attente et à cet
1 Co 7, 26 amour dise donc humblement, joyeusement et fièrement
quelle espérance tu as mise ainsi dans le
1 Tm 4, 10 Dieu vivant.

86 Par le choix de ta virginité ouvre-toi à l'amour
de Dieu de tout ton cœur, de toute ton âme, de tout
Lc 10, 27 ton corps, et de tout ton esprit. Dieu vaut bien
tout. Que tout donc, en toi, pensées, paroles et
Col 3, 17 actions, soit rempli de l'amour de Dieu en qui tout
Is 54, 5 est rassemblé, et ton époux, ce sera ton créateur.

Peut-être, un jour, par ta vie de plus en plus pure
et abandonnée, provoqueras-tu le Seigneur, qui
nous aime tous infiniment, à devenir tout spécialement
Ps 44, 12 ; Ct 4, 7 désireux de ta beauté. Tu sauras alors ce
Dt 4, 24 qu'est l'amour jaloux de Dieu pour toi, la joie
Ep 5, 27 d'un divin époux promis à ton âme et l'allégresse
inextinguible d'entrevoir à quelles noces de bonheur
Ap 21, 2 Dieu lui-même te convie. Cela, ne cherche
Mt 19, 12 pas à l'expliquer : comprenne qui pourra ! Si Dieu
te donne de le goûter, savoure-le dans le secret, ta
Mt 6, 6 joie paisible parlera.

87 Par ton célibat consacré ouvre-toi au monde en
1 Co 9, 22 te faisant disponible et tout à tous, libre de les préférer
tous sans en privilégier aucun. Ainsi, garde-
Jn 15, 15 toi de trop particulariser tes amitiés afin de n'être

jamais prisonnier d'aucune exclusive, mais tou-
jours libre à l'exemple du Christ qui s'est fait tout Col 3, 11
à tous et ami des hommes. Is 41, 8

La virginité t'enseignera le secret de la tendresse et la valeur du respect ; la possibilité d'un amour à la fois universel et éternel.

Toi qui l'as librement choisi, offre-le pour ceux qui doivent le subir, achevant ainsi dans ta chair ce qui manque aux épreuves du Christ pour son
Corps qui est l'Église. Sois humble en ta chasteté. Col 1, 24
C'est par la grâce de Dieu que tu es ce que tu es, 1 Co 15, 10
et par elle seule que tu deviendras son consacré.

Ton célibat consacré ne nie pas le corps mais il 88
l'épanouit en lui donnant son sens le plus profond
et le plus ultime à la suite du Verbe fait chair, nous Jn 1, 14
appelant tous à devenir un seul Corps. Puisque ton 1 Co 12, 12
corps est un temple du Saint Esprit qui est en toi
et que tu ne t'appartiens pas, glorifie donc Dieu
dans ton propre corps. Non seulement ton corps 1 Co 6, 19-20
est pour le Seigneur, ce qui doit t'émerveiller ;
mais également le Seigneur est pour ton corps, ce 1 Co 6, 13
qui ne peut que t'enthousiasmer. Dieu demeure en
toi et tu demeures en lui ; sachant ce don de Dieu Jn 6, 56
vis pleinement ton don à Dieu. Jn 4, 10

Par l'amour de chasteté, ouvre-toi à la lumière et
à la joie, selon la promesse que Jésus adresse aux
cœurs purs qui verront Dieu. Par lui ta vie rayon- Mt 5, 8
nera d'une Présence, révélera le secret d'une intimité, puisera en elle-même le secret d'un dynamisme, la paix d'un épanouissement vrai.

À l'image de Marie, vierge, épouse et mère, ta 89
virginité t'introduira au mystère d'une véritable Mt 1, 18

Lc 1, 34 nuptialité, d'une réelle paternité, d'une tendre
maternité. Comme le mari tire sa joie de son
Is 62, 5 épouse, en toi, ton Dieu prendra sa joie.

Pauvre, la virginité te libérera. Humble, elle te
grandira. Stérile, elle te comblera. Crie de joie, sté-
Is 54, 1 rile qui n'enfantais pas ! La mère aux nombreux
1 S 2, 5 fils se flétrit quand la stérile enfante sept fois.

90 Aussi grand et épanouissant que soit cet idéal, tu ne peux le vivre qu'avec la grâce de Dieu et en réponse à son appel.

He 13, 4 Le mariage également est une voie de sainteté
que tu ne dois en rien mépriser car son mystère
Ep 5, 32 aussi est grand.

Ne t'engage donc dans le célibat consacré que si
1 Co 7, 9 tu t'y sens intimement appelé par Dieu. Tu n'as
pas à le choisir comme un idéal mais à y répondre
Jn 15, 16 si tu y es convié. Que la crainte de sa difficulté ne
t'effraie pas pour autant.

S'il t'y appelle, Dieu fera qu'il te devienne facile
et puisse te rendre heureux. Mais alors, vis-le sans
partage. Rien ne serait plus difficile ici que les
Lc 9, 62 demi-mesures. Pour être léger, ton célibat doit te
consacrer tout entier.

91 Vis-le sans tension, mais vis-le sans mollesse.
Vis-le sans nostalgie. Vis-le sans compromis.
Comme voyageur et étranger, abstiens-toi des
1 P 2, 11 plaisirs charnels qui font la guerre à l'âme. Dans
la lutte ou les chutes, ne te décourage pas pour
autant. Au soir les larmes, au matin les cris de
Ps 29, 6 joie. Ce n'est pas rien ce que tu as ainsi donné ;
mais Dieu le sait. Avec la tentation il te donnera la

grâce de la supporter. Nul n'est tenté au-dessus de 1 Co 10, 13
ses forces. Jc 1, 13-14

La double grâce de la pénitence et de l'Eucharistie sera ta force quotidienne. C'est Marie, la mère de tendresse, qui t'enseignera le secret du bel Amour.

Dans tes amitiés, ne sois ni imprudent ni pudi-
bond, ni naïf ni effarouché. Rm 12, 9-13

Avec tes frères et tes sœurs consacrés, sois plein 92
de respect, de délicatesse dans la prière mutuelle
et l'affection fraternelle. C'est une telle grâce de Jn 13, 34
marcher, frères et sœurs, dans le partage du même idéal et de la même amitié, que pour rien au monde tu ne dois risquer de la galvauder. La trans-
parence absolue ici te préservera de tout faux pas. Jn 3, 21

Purifie ta mémoire ; garde tes pensées ; surveille Ep 5, 4
tes propos ; porte un habit qui te dise consacré. Ne cherche pas plus à paraître qu'à disparaître.

Tu n'as pas à fuir mais à monter. Ne t'attriste pas de ce que tu quittes, réjouis-toi de ce qui t'est
donné. Évite le mal en faisant le bien. Aime 1 Th 5, 22
mieux en aimant davantage.

Ta cité se trouve dans les cieux d'où tu attends ardemment le Seigneur Jésus Christ. Il transfigurera ton corps de misère pour le conformer à son Corps de gloire avec cette puissance qu'il a de
pouvoir se soumettre tout l'univers. Ph 3,20-21

Crois joyeusement à la résurrection de la chair que professe le Credo.

Sois chaste et tu seras heureux.

Sois pur, tu verras Dieu. Mt 5,8

8. *Pauvreté*

Pour obtenir la vraie richesse, 93
pour fuir l'illusion des faux trésors,
et pour marcher libre et joyeux à la suite du Christ,
tu as choisi d'épouser la pauvreté.

Par suite du péché dont tu es à la fois victime et Rm 5, 12
coupable, tu ne peux aller vers Dieu sans te
détourner d'abord de toi-même et du monde. Ni le
vieil homme avec ses agissements, ni la figure Col 3, 9
factice de ce monde qui passe ne peuvent t'enri- 1 Co 7, 31
chir. L'homme dans son luxe ne comprend pas, il
ressemble au bétail qu'on abat. Que ta pauvreté, Ps 48, 13
te détournant ainsi des illusions et des pesanteurs
qui pèsent et miroitent alentour, t'ouvre à la vraie
liberté du dépouillement et à la joie du centuple Ga 5, 1
reçu dès maintenant. Mc 10, 30

Te voici appelé à passer par la porte étroite Mt 7, 13
qu'aucun riche ne saurait franchir, en vue de la Mt 19, 24
possession totale et sans fin d'un vrai trésor et Mt 13, 44 ; 19, 21
d'un héritage éternel. Dieu a en effet choisi les Ps 36, 18
pauvres selon le monde comme riches dans la foi
et héritiers du Royaume promis à ceux qui l'aiment. Jc 2, 5
Que ce regard d'espérance éclaire et réjouisse ta Pr 28, 11; 1 Co 1, 26-27
route afin que tu saches toujours quelle sagesse te
conduit. Puisse Dieu illuminer les yeux de ton
cœur pour te faire voir quelle espérance t'ouvre
son appel, quels trésors de grâce renferme son
héritage parmi les saints. Ep 1, 18

94 La route qui te ramène à la richesse véritable passe désormais par la pâque de pauvreté. Marche ainsi à la suite du Christ qui, de riche qu'il était,
2 Co 8, 9 s'est fait pauvre pour t'enrichir de sa pauvreté. Dieu dirige les pauvres dans la justice et leur
Ps 24, 9 enseigne la route. Sachant cela, tu pourras accep-
Ph 3, 8 ter de tout perdre afin de gagner le Christ. Ta pauvreté n'est plus une théorie, ni une pratique, ni même un idéal, mais un visage : Dieu, pour toi, s'est fait pauvre en Jésus Christ. Dans la contemplation de ce visage tu comprendras le vrai sens du mystère de pauvreté.

Appuie-toi sur cette sagesse.
Affermis-toi en cette espérance.
Contemple ce visage pour parvenir à t'y conformer.

Et tu pourras commencer à devenir pauvre à sa
Lc 9, 23-25 suite, en acceptant, comme lui, de tout recevoir et de tout donner. De tout donner par amour et de tout recevoir dans l'humilité.

95 La première étape de ta pâque de pauvreté passe par l'humble acceptation de tes richesses.

Quoi que tu fasses, quoi que tu dises, te voilà
Mt 25, 15 riche de ta foi, de ton espérance, de l'amour de ta Fraternité, de ta culture, de ta santé, de ta liberté, et jusqu'à savoir le pourquoi de ta soif de pauvreté. De cela ne tire ni honte ni vanité : Dieu n'a de pré-
Ac 10, 34; Rm 2, 11; Ga 2, 6 férence pour personne. Ne t'en culpabilise pas,
Pr 13, 7 mais ne l'oublie jamais.

Ep 5, 4 En retour, vis dans une continuelle action de
1 Co 4, 7 grâce. Puisque tu n'as rien que tu n'aies reçu, que ta pauvreté t'invite à être un perpétuel offrant en
He 13, 15 sacrifice de louange. Vis dans l'humilité car tu ne

saurais tirer nulle gloire de ce qui vient de Dieu
seul et non de toi, ni présager à quel degré d'en- Jn 5, 44
foncement et de dépouillement Dieu veut te
conduire demain sur les pas de celui qui, pour
nous, alla jusqu'à l'anéantissement. Ainsi, sois Ph 2, 7
disponible et remerciant et tu feras le premier pas
dans le mystère de pauvreté.

La deuxième étape de ton avancée sur cette 96
route consiste dans l'abandon de tes richesses
matérielles. Mc 10, 21

Tu es né tout nu, tu t'en retourneras comme tu es Qo 5, 14
venu. Accepte donc de te détacher de ce qui n'est
que transitoire et factice. Libère-toi personnelle-
ment de tous tes biens. La racine de tous les maux,
c'est l'amour de l'argent. Déracine-toi. Si tu veux 1 Tm 6, 10
être parfait, va, vends ce que tu possèdes, donne-
le aux pauvres et tu auras un trésor dans les cieux.
Comment pourrais-tu t'enrichir en vue de Dieu en Mt 19, 21
continuant à thésauriser pour toi-même ? La pau- Lc 12, 33
vreté matérielle commence par un courageux et
radical détachement qui relève de toi seul. Vis-le
et sans partage.

En Fraternité tu ne dois rien posséder en propre.
Ne te procure ni or, ni argent, ni menue monnaie Mt 10, 9
en dehors de ce que la règle te permet. Chaque
salaire est intégralement versé à la communauté et Ac 4, 34
la moindre dépense vécue en transparence et en
dépendance. Ainsi apprendras-tu la liberté et le
regard primordial vers les choses invisibles qui
seules sont éternelles. Car là où est ton trésor, là 2 Co 4, 18
aussi sera ton cœur. Mt 6, 21

Collectivement, notre règle est de n'être jamais 97
propriétaire de rien. Nous n'avons pas à avoir Lc 9, 58

d'héritage dans le pays, c'est Dieu qui sera notre
Nb 18, 20 part d'héritage. Nous devons nous contenter de la
location, comme la plupart des hommes d'aujourd'hui,
ou de l'hospitalité, comme promis aux disciples
Mc 6, 10-11 de l'Évangile. *Dieu seul suffit* [1] et cet héritage est
Ps 15, 5-6 pour nous magnifique. Face au matérialisme enva-
hissant, seule la radicalité évangélique parlera.
C'est par la folie du message qu'il a plu à Dieu de
1 Co 1, 21 sauver les croyants.

Vis ce détachement matériel communautaire et
personnel dans une joie sans regret et, ainsi libéré,
1 Co 7, 31 usant des biens comme n'en usant pas, rends
grâce à Dieu comme Job en redisant : Nu je suis
sorti du sein maternel, nu j'y retournerai. Dieu a
Jb 1, 21 donné, Dieu a repris ; béni soit le Nom du
Mt 11, 29 Seigneur ! Et tu goûteras le repos pour ton âme.

98 En communauté, avec tes frères ou tes sœurs, se
Ac 2, 44 vit le partage intégral de l'argent, des biens, des
vêtements qui sont donnés dès ton entrée et reçus
ensuite, tout au long, de la part du responsable de
l'habillement, des livres qui sont aussitôt portés à
la bibliothèque commune et de tout ce qui peut
He 13, 16 être jugé de quelque utilité pour la Fraternité.
N'aie rien par-devers toi sans l'accord des prieurs.
Tue en toi-même tout instinct de propriété car *il
suffit d'un fil à la patte pour empêcher l'oiseau de
voler* [2], et redis incessamment en ton cœur : « Tout
Lc 15, 31 ce qui est à moi est à toi ». À l'image des pre-
mières communautés chrétiennes de Jérusalem
qui mettaient tout en commun et partageaient
Ac 2, 44-47 selon les besoins de chacun, construis avec tes
frères le Temple saint.

---

1. S. Thérèse d'Avila, *Poésies* IX ; OC, p. 1089.
2. S. Jean de la Croix, *Montée du Carmel* 1, 11, 4 ; OC, p. 618.

La pauvreté matérielle en communauté se traduit aussi par la simplicité du logement, de la table, de l'habillement, des moyens de transports, du mobilier. Contente-toi de ton salaire. Mange ce qu'on te présente, et apprends aussi à te suffire en toute occasion, sachant te priver comme sachant être à l'aise. Ainsi, en ne prenant rien pour la route, à la suite du Fils de l'Homme qui n'a pas, lui, où reposer sa tête, laissant les morts enterrer les morts et sans regarder en arrière, sinon tu serais impropre au Royaume, deviens moine en avançant dans l'état de voyage car tu n'es qu'un pèlerin et un étranger ici-bas. Que ta stabilité soit dans le cœur de Dieu ton unique richesse, à la fois greffée et émondée, et ton appartenance, fidèle et sans partage, à ta nouvelle famille à qui te voici tout donné. 99

Lc 3, 14 — Lc 10, 8 — Ph 4, 11-12 — Lc 9, 3 ; 10, 4 — 9, 57-62 — 1 P 2, 11 — Jn 15, 2-4

Pour tout dire : Va. Vends. Donne. Viens. Suis le Christ. Que ces cinq verbes soient pour toi autant de jalons sur la route de ton détachement du monde et de ton attachement au Christ. Double exigence qui est tout l'essentiel de la vie monastique.

Lc 18, 22

La troisième étape t'ouvre à la pauvreté solidaire. 100

En te liant en quelque sorte à la dépendance et aux contraintes des grandes villes, tu devras sacrifier la joie du silence, la beauté de la nature, la paix de la campagne, l'équilibre du rythme solaire, la verdure, l'air pur... Vis cela sans nostalgie et en double solidarité : avec Jésus qui choisit le premier cette dépendance de la ville de Nazareth, puis de Jérusalem, au point parfois de ne plus s'appartenir ; et avec tous les hommes qui sont de plus en plus aujourd'hui des citadins soumis aux mille contraintes que tu sais.

Lc 2, 51 — Lc 13, 33; — Mc 10, 32 — Mc 3, 20 ; 2, 1-2 ; 6, 31

À côté de la pauvreté qui renonce au monde en le quittant, vis celle qui reste solidaire de ce
Jn 17, 15-18 monde en t'en gardant. Deviens ainsi fils de l'Église en la rejoignant sur le lieu le plus habi-
Tb 2, 2 tuel de son combat et où Dieu demeure présent.

101 La quatrième étape de ta pâque te conduit à la pauvreté affective.

En te demandant de quitter, en plus de la maison ou des champs, tout à la fois : père, mère, femme,
Lc 14, 26 ; Mt 19, 29 frères, sœurs, parents et enfants, le Christ t'invite
Lc 12, 34 à lui sacrifier aussi ton cœur.

Lc 14, 26 C'est qu'aucun amour, aucun attachement, aucune relation ne peut passer avant celui que tu dois porter à Dieu, si tu veux être digne de lui qui
Rm 5, 8 ; Mt 10, 37 est allé le premier jusqu'à haïr sa vie pour toi : le
Rm 8, 32 Père en te livrant son Fils, le Fils en se perdant
Jn 15, 13 pour nous tous.

Seule la grâce pourra te faire comprendre le
Ex 34, 14 mystère de ce Dieu jaloux, qui veut tout parce
Lc 18, 30 qu'il vaut plus que tout, et peut te combler de tout, ici-bas déjà.

Abandonne-lui tes affections légitimes ou déréglées, purifie en toi jusqu'à la mémoire, au souvenir, au secret désir et tu verras ton cœur de pierre devenir cœur de chair, puis ton cœur de chair
Ez 36, 26 devenir cœur nouveau, porteur d'un Esprit nou-
Ez 11, 19 veau. Partage avec tes frères un cœur unique, agrandi dans un seul amour, une seule âme, et un
Ph 2, 2 seul esprit.

Si donc ton bras te scandalise, coupe-le. Si ton
Mc 9, 45-47 œil te scandalise, arrache-le. Mais en te souvenant
Mt 9, 13 que c'est l'amour que Dieu veut et non les sacri-

fices, reste humble et discret en tes renoncements : le Seigneur déteste le pauvre orgueilleux. Si 25, 2
Le prix de ce passage au creuset, c'est l'amour enrichi de tout le poids d'un cœur pauvre, joyeux et purifié ; d'un cœur fidèle : « Va me chercher un pauvre au cœur fidèle. » Tb 2, 2

Tu peux alors aborder l'étape de la pauvreté spirituelle. 102

C'est le degré suprême. Celle qui doit te conduire, à la suite du Christ, tout nourri de la volonté de son Père, à l'abandon de ton vouloir Jn 12, 49-50
propre, de ton penser propre, de ton savoir propre, de ton amour propre. Donne-toi jusque-là. Désarme-toi. Perds-toi jusqu'à l'immolation de Mt 10, 38
toi. Telle est la pauvreté dans l'Esprit que te pro- Mt 5, 3
pose le Christ. Dès lors, si c'est l'Esprit qui te conduit, que l'Esprit aussi te fasse agir. Ga 5, 16-25

La pauvreté matérielle est facile. La pauvreté solidaire reste laborieuse. La pauvreté affective est toujours douloureuse. La pauvreté spirituelle crucifie. Ga 6, 14 ; 1 Co 2, 2

C'est le degré le plus haut de ta pâque de pauvreté parce qu'elle veut te conduire au plus bas. Ph 2, 8
Après t'être dépouillé de tout, puis des autres, tu dois à présent te dépouiller de toi-même. Non seulement te renoncer, mais encore te renier. Mais le Lc 9, 23
Christ marche avec toi sur cette route. Mt 16, 21-27

Le prix de ce don, c'est l'entrée dans la volonté du Père. Tu n'es plus esclave de personne mais fils. Ga 4, 7
N'étant plus rien, tu reçois tout. Pauvre de tout, tu es enrichi du Royaume : héritier de Dieu et cohéritier du Christ. L'Esprit en personne se joint à ton esprit pour attester que tu es enfant de Dieu. Le Rm 8, 16
Père et toi vous êtes un, car tu fais ce qui lui plaît. Jn 10, 30 ; 8, 29

103 Tu ne pourras pas suivre le Christ dans l'étape
Jn 16, 32 dernière de sa Pâque de pauvreté : il a tellement
pris la dernière place que nul ne pourra jamais la
lui ravir[3]. Mais tu dois inlassablement contempler
Ph 2, 6-11 cette *Kénose*, cet enfouissement, cet anéantisse-
2 Co 5, 21 ment de celui qui s'est fait esclave pour toi, péché
Ap 5, 6 Is 53, 3 pour toi, Agneau immolé, objet de mépris et rebut
Ps 21, 7 de l'humanité, ver, non point homme, lui le vrai
Dieu né du vrai Dieu. Avance en fixant les yeux
sur le chef de ta foi qui te mène à la perfection,
Jésus, lui qui, au lieu de la joie qui lui était pro-
He 12, 2 posée, endura pour toi la croix et descendit jus-
1 P 3,19 qu'aux enfers.

1 Co 2, 2 Cette contemplation t'éclairera, te stimulera, te
soutiendra. Et par là même elle te préparera au
don suprême par lequel, toi aussi, tu t'anéantiras,
1 Co 15, 37 t'enfouiras, te dépouilleras de tout : la pâque de ta
mort dernière. Ce jour-là seulement tu pourras
Jn 12, 24 tout donner. Mais seulement si tu sais t'y préparer.
Fasse Dieu que tu n'attendes pas ta mort pour
mourir !

Qu'ainsi la mort fasse son œuvre en toi et sème
2 Co 4, 12 la vie autour de toi. Tu portes en toi-même ton
arrêt de mort afin d'apprendre à ne pas mettre ta
2 Co 1, 9 confiance en toi-même mais en Dieu qui ressus-
cite les morts. Le Seigneur se tient pour toujours
Ps 108, 31 à la droite du pauvre. Il donne aux pauvres et sa
2 Co 9, 9 justice demeure à jamais.

Telle soit ta route de pauvreté et elle sera véritable Pâque pour toi.

---

3. Charles de Jésus, *Œuvres spirituelles*, Éd. du Seuil, 1958, p. 26.

9. *Obéissance*

Le modèle parfait de l'obéissance est dans le 104
mystère de la Trinité. Entre le Père, le Fils et Jn 5, 19
l'Esprit Saint, tout est écoute, accueil et don. De 7, 16
cette totale dépendance naît la suprême liberté ; 8, 29
du respect de leur diversité naît la parfaite com- 12, 49
munion. Si tu veux savoir le pourquoi fondamen-
tal de ton obéissance, contemple la Trinité.

L'obéissance n'est pas une invention des hommes, mais l'expression même de l'être de Dieu. Par elle, il veut t'introduire, non pas dans une
relation de dépendance, de soumission ni même de Jn 14, 24
conciliation, mais dans une libre relation d'amour. Jn 17, 8

Voilà pourquoi le Christ qui nous a tant aimés, Jn 15, 9
Fils de Dieu et homme parfait, s'est fait obéissant. Ph 2, 8
Ce que l'ancien Adam et toi-même avez refusé, le
nouvel Adam, pour toi, l'a assumé, lui qui, tout Rm 5, 19
Fils qu'il était, apprit, de ce qu'il souffrit, l'obéis- He 5, 8
sance. Si tu veux donc être parfait, souviens-toi de
Jésus Christ ; ton maître est le premier obéissant. 2 Tm 2, 8
Tu ne peux être différent de lui. Il suffit que, dis-
ciple, tu deviennes comme ton maître et, serviteur,
comme ton Seigneur. Mt 10, 24

Par l'obéissance, tu apprendras à aimer. À 105
renoncer à toi-même pour faire ce qui plaît à tes
frères et à Dieu. À aimer ton prochain comme toi-

Lc 10, 27 même et Dieu par-dessus tout. À coïncider avec
d'autres pour agir ensemble dans une communion
1 P 1, 22 d'écoute selon le plan de Dieu. Le Père attend
ainsi ta libre coopération à son dessein d'amour.
Rm 12, 10 Tes frères attendent ta libre participation à la com-
munion dans cet amour. Plus tu obéiras et plus tu
Ph 2, 3-4 aimeras. Plus tu aimeras, plus ta vie obéira.
L'amour et l'obéissance, c'est tout un. Si tu veux
donc aimer, sois obéissant.

Par l'obéissance, tu diras ta foi. Pécheur, tu
obéis à des hommes pécheurs et tu choisis donc
ainsi de regarder au-delà des apparences. À tra-
vers ce qui sera parfois incompréhensible ou dif-
ficile, l'épreuve dira ton amour quand tu devras
avancer dans la pénombre de la foi. Ton amour ne
Jn 12, 35-36 se prouvera que dans l'épreuve de cette foi.

106 Par l'obéissance, tu vivras la pauvreté. La pau-
vreté la plus radicale : celle de l'abandon de ton
1 Co 1, 10 vouloir propre, de ton penser propre, de ton amour
propre. Plus que la non-possession, c'est la par-
faite obéissance qui fera de toi un pauvre véri-
table, nourri, comme le Christ, de la seule volonté
Jn 4, 34 de Dieu.

L'obéissance t'enseignera la liberté et la vérité.
Si, en effet, tu obéis aux commandements, tu
connaîtras alors la vérité et cette vérité te rendra
Jn 8, 32 libre. En acceptant que les pensées de Dieu ne
soient pas tes pensées et que ses voies ne soient
Is 55, 8 pas tes voies, tu auras des yeux pour voir même
Dt 29, 3; Mc 8, 18 sans comprendre. L'Esprit, du dedans, te conduira
Jn 16, 13 à la vérité tout entière.

L'obéissance te révélera la miséricorde, car au-
delà de tes révoltes, de tes lenteurs et de tes refus,
elle te ramènera vers Dieu dont la tendresse et le

pardon t'apaiseront, car même si ton cœur venait
à te condamner, Dieu est plus grand que ton cœur. 1 Jn 3, 20
C'est par là que tu comprendras que tout est grâce Lc 1, 37
et que rien n'est impossible à Dieu. Mt 19, 26

Ainsi l'obéissance te donnera-t-elle la joie et la 107
paix. En obéissant, tu n'es pas rapetissé mais Ph 2, 2
grandi, non pas restreint mais élargi. L'amour de
Dieu habite en toi et sa volonté guidant ta vie
l'apaise et la réjouit. Tu sais en qui tu as cru. Te
voici introduit à un détachement tel que ton che-
minement n'a plus de fin. Vois, ta route n'est pas
fatale, Dieu lui-même te conduit sur le chemin Ps 138, 24
d'éternité. L'obéissance veut t'éclairer tout entier.
Ouvre-lui jusqu'au fond de ton cœur et elle rayon-
nera jusque sur ton visage : les ordres du Seigneur
sont limpides, lumière des yeux. Ps 18, 9

Enfin, l'obéissance fera de toi un véritable fils. Rm 8, 17
Dans ton cœur ouvert, disponible, libéré, le Père
peut désormais parler comme à son propre fils. Et
tu peux, à l'aide de cet Esprit nouveau que Ez 36, 26
l'obéissance a laissé venir dans ton cœur de chair,
oser l'appeler à ton tour du plus affectueux des
noms que ta bouche puisse exprimer : *Abba* ! Rm 8, 15
Père ! Fils dans le Fils, tu vois le Père, tu es écouté Jn 14, 9
de lui et aimé de lui. 14, 13-23

La véritable obéissance est donc avant tout une 108
conversion. Par elle, détourne-toi du vieil homme
et du monde, et tourne-toi vers les réalités d'en- Col 3, 1
haut et la quête de Dieu au plus profond. Ainsi
purifié et dépouillé, tu te rendras transparent à sa
volonté. 1 S 3, 10

La véritable obéissance est tout à la fois écoute
et action. Elle suppose donc en toi une docilité Is 53, 3

attentive – prête l'oreille, viens à Dieu, écoute et
Lc 8, 21 ; 11, 28 ; ton âme vivra – et une attitude véritablement agie,
Jc 1, 23 jusqu'à la mise en pratique.

Elle est immédiate et sans partage. *Les vrais moines délaissent aussitôt ce qui les intéresse, renoncent à leur volonté propre et abandonnent immédiatement ce qu'ils étaient en train de faire... L'obéissance ne sera agréable à Dieu et aux hommes que si l'ordre est exécuté sans crainte, sans retard, sans tiédeur, sans murmure ni parole de résistance* [1]. Médite ces paroles du grand maître de l'obéissance. En les vivant, tu te rendras
He 5, 8 ; Mt 5, 48 parfait à l'image du Fils.

109 L'obéissance n'est ni discutailleuse ni périphérique, ni périodique ni velléitaire. Elle doit saisir et informer ton être tout entier. Livre-toi donc à elle de toute ta personne et pour toujours.

L'obéissance-information n'est pas l'obéissance vraie. Celle-ci est véritable dépendance et réel abandon à la décision attendue et reçue. Que signifierait-elle si tu ne la vivais que lorsqu'elle
He 12, 4 est conforme à tes souhaits et à ta volonté ? C'est quand elle commence à être difficile qu'elle devient la plus vraie.

L'obéissance vraie épanouit dans l'homme adulte un cœur d'enfant.

110 C'est à Dieu et à Dieu seul que tu dois obéir.

Car il est ton seul maître, ton seul guide, ton seul
Mt 23, 8-10 ; Jn 13, 13 Père et ton seul Seigneur. Sachant qu'il t'aime

1. RB, 5 (I, p. 465-467).

infiniment et qu'il est le Dieu tout-puissant, tu ne Ex 34, 14 ;
peux donc rien choisir de plus beau que de suivre 1 Co 8, 6
le plan d'amour qu'il a établi pour toi en faisant Ep 4, 6
en tout sa volonté. Dis ainsi *Amen* à la gloire de Mt 6, 10
Dieu. Que cela te soit agréable ou non, obéis à la 2 Co 1, 20
voix du Seigneur ton Dieu et, ainsi, tu seras heu-
reux pour avoir obéi à sa Parole. Jr 42, 6

Obéis au Père car le Père lui-même t'aime. Il Jn 16, 27
t'est bon d'obéir au Dieu Saint et de passer le Si 46, 10
temps qu'il te reste à vivre au gré de la volonté
divine. 1 P 4, 2

Obéis au Fils car il est source de salut pour ceux
qui lui obéissent, et tu as été sanctifié par l'Esprit He 5, 9 1 P 1, 2
pour obéir à Jésus Christ. Si tu aimes, tu observe- Jn 15, 10.14 ; 14, 15
ras ses commandements en faisant en toi toute
pensée captive pour l'amener à obéir au Christ. 2 Co 10, 5

Obéis à l'Esprit en te rendant docile à sa voix
car Dieu donne l'Esprit Saint à ceux qui lui obéis- Ac 5, 32
sent, pour les conduire, docilement, par lui, à la
pleine vérité et à la vraie fécondité. Jn 16, 13 Ga 5, 22

Par l'obéissance à Dieu, tu entreras dans le bon-
heur trinitaire et tu goûteras la paix.

C'est aux frères aussi que tu dois obéir, car avec 111
eux tu formes le Corps du Christ et le Temple de 1 Co 10, 24
l'Esprit. En obéissant à la vérité, vous avez sanc-
tifié vos âmes pour vous aimer sincèrement
comme des frères. La communion dans l'écoute 1 P 1, 22
mutuelle traduit la volonté de Dieu présent au
milieu d'eux. Avec tes frères, vise à avoir un Mt 18, 20
même amour, une seule âme, un seul sentiment, et Ph 2, 2
le temple ainsi construit sera solide parce que bâti
par l'Esprit Saint qui parle à travers la commu-
nauté qui le prie.

La Fraternité, c'est le Christ. Au chapitre, laisse Dieu parler à travers elle. Et soumets-toi en tout par l'obéissance vraie, autant aux points de détails qu'aux orientations d'ensemble, à ce qui devient ainsi la norme de la communauté.

112 Obéis tout particulièrement à celui, à celle, en qui tous veulent librement désigner et reconnaître les serviteurs de l'autorité, car ils sont porteurs de la parole de tous et de la volonté même de Dieu. Fais-toi aimer de la communauté, et devant son
Si 4, 7 chef, efface-toi. Par la disponibilité de ton cœur, tu provoqueras en lui la grâce de Dieu. Avec ton prieur, ta prieure, en tout, sois vraiment obéissant et réellement transparent.

Il s'établira alors une réciprocité d'amour et de
2 Tm 1, 13 foi entre lui, qui sert en te commandant, et toi, qui
1 Th 5, 12-13 sers en lui obéissant. Jusque dans les moindres choses, fais donc tout à la lumière de cette obéissance. C'est dans cette exigence de sainteté que tu trouveras la liberté d'un cœur pacifié, la joie adulte d'un cœur abandonné.

Commandé par un pécheur et obéissant toi-même en restant imparfait, tu entreras cependant, par cette double voie de l'imperfection du maître et du disciple, sur le chemin de la perfection [2] où la grâce ne te manquera jamais si tu demeures confiant, ouvert et persévérant.

Reste fidèle jusqu'à la mort et le Christ te don-
Ap 2, 10 nera la couronne de vie.

---

2. S. Jean de la Croix, *Les Précautions* ; OC, p. 303-304.

LE PRIEUR, LA PRIEURE. 113

L'autorité est un instrument de Dieu pour te
conduire au bien. Rm 13, 4

1. Comme leur nom l'indique : *prior*, ils sont les
« premiers ». Non dans l'ordre hiérarchique, de
préséance ou même de sainteté. Ils sont « les pre-
miers obéissants ». Les premiers à vouloir se sou-
mettre à la Règle communément reconnue et à y
entraîner, par là même, toute la communauté. Les
premiers à vouloir faire la volonté du Père et à te Mt 20, 28
la rappeler, à toi, leur frère, leur sœur.

2. C'est pourquoi ils sont aussi des élus : ceux que leurs frères ou sœurs ont désignés pour assumer cette responsabilité et que l'Église, de son côté, a choisis ou reconnus. Par cette double médiation se reconnaît en eux le fait qu'ils sont aussi bénis de Dieu, les élus du Seigneur. La désignation par les frères et sœurs, dans l'Esprit, et la prière qui monte d'eux tous vers eux, font qu'ils portent dès lors, malgré leur faiblesse, leur péché, une toute particulière « grâce d'état », et qu'en les écoutant désormais, c'est plus qu'eux qui sera perçu. Reconnais donc en eux ce qu'ils représentent, plus encore que ce qu'ils sont. I P 5, 5

3. Ils doivent cependant être un modèle. Non 114
pas *le* modèle (Jésus seul l'est), mais « un »
modèle. Ceux qui prêchent par l'exemple de leur Ph 3, 17
vie. Leur exigence à eux est d'être authentiques ;
la tienne de les reconnaître pour ce qu'ils sont
devenus. Rien ne stimulera mieux les frères et les
sœurs qu'une exigence réelle de sainteté. Rien ne I P 1, 15
convertira mieux la prieure ou le prieur qu'une
véritable obéissance de disciple. Une sincère
autorité façonnera en toi une juste obéissance ;

une sincère obéissance de ta part construira une juste autorité. Un cœur de prieure ou de prieur est retourné quand ils voient dans quel esprit leurs frères et sœurs choisissent d'obéir.

4. Essentiellement, les prieurs sont serviteurs. L'autorité est un service et ils en exercent la charge, au nom et aux yeux de tous. « Serviteur des serviteurs de Dieu » à l'image même du Christ venu, lui aussi, le premier, non pour être servi mais pour
Mc 10, 45 ; Lc 22, 27 servir. Leur exigence fondamentale est donc d'être
Jn 13, 14 à leur tour « le premier serviteur ».

5. Ils seront avant tout un « écoutant ». Écoutant Dieu, dans la verticalité de la prière, et ce même Dieu parlant dans l'horizontalité de la communauté tout entière et de chaque frère en particulier. Ils doivent écouter pour mieux savoir, pour mieux parler, pour mieux répondre, discerner, orienter, corriger. Ils sont l'oreille attentive au point de convergence de la Parole venant de Dieu et des échos montant de leur conscience et de la Fraternité. Écoute-les donc et fais-toi écouter.

115 6. Ce frère, cette sœur, porte en lui, ou en elle, comme un charisme particulier de fils de Dieu. Une qualité filiale originale est reconnue en eux, susceptible d'entraîner chacun à la même démarche filiale vis-à-vis de celui qui est le seul à
Mt 23, 9 porter le nom de Père. Leur charisme est de faire s'épanouir les divers charismes du corps tout
1 Co 12, 1-11 entier, et de leur donner cohésion et harmonie dans la grâce de l'Esprit Saint. Par eux, mets ton charisme au service de la communauté.

7. Ils sont conciliateurs. Ceux en qui se concilient et se réconcilient les diverses personnes, les diverses tendances, les aspirations internes et les

appels venant de l'extérieur, en vue d'un consensus d'unité qui a besoin de prendre corps en un seul être pour mieux souder tous les frères en un seul corps. Ainsi n'étouffent-ils pas la personnalité de chacun, mais ils rassemblent toutes les personnes. Ils sont « le lien d'unité entre les membres de la communauté », dussent-ils en être – et ils le seront – écartelés.

8. Les prieurs sont en outre les garants de la 116
Règle choisie ensemble et des grandes orientations qui spécifient la vocation de la Fraternité. Ils tiennent la barre sur le cap établi en commun. Veillent à ce qu'on vive de ce qui est écrit ou dit. Au besoin donc ils rappellent, explicitent, redressent, raffermissent. Mais l'aventure spirituelle 2 Tm 4, 2
étant une avancée, ils se souviendront qu'ils conduisent une marche plutôt qu'ils ne défendent un bastion ou ne gèrent un acquis. Le moine est aussi bien un pèlerin qu'un veilleur.

9. Par leur être même ils exercent ainsi une fonction. Ils ont pour métier d'être prieurs et doivent effectivement pouvoir en assumer la charge. Leur rôle n'est pas uniquement mystique et spirituel. Ils doivent gérer un ensemble, répartir des responsabilités, respecter les responsabilités 1 P 5, 1-4
désignées.

10. Ils assument tout spécialement une tâche de discernement. Aidés en cela des instances en place. Leur rôle sur ce plan est capital, car nombre de décisions ou d'orientations sont à prendre, qui, en partie, dépendent d'eux. Aussi sont-ils tout particulièrement aidés pour ce faire d'un conseil, d'un maître de novices et d'un intendant pour la répartition des rôles et des responsabilités.

117 11. Le propre des prieurs étant d'assumer une autorité, celle-ci doit être bel et bien exercée. Ils ne peuvent le faire sans en souffrir, peut-être même sans faire souffrir. Mais le pire ennemi du bien commun n'est-il pas l'abdication ou la démagogie ? Ce serait la porte ouverte à la dispersion, aux individualismes, à la fantaisie. L'autorité qui assume son rôle avec courage et fermeté, avec douceur et humilité, avec force et tendresse, tout au contraire libère, stimule, clarifie. Le propre des prieurs est aussi de tenir leur place, pas plus que
Rm 13, 1-4 leur place mais juste leur place, et de commander.

12. Ils sont porteurs d'exigence, semeurs de joie et de paix. L'aventure ainsi conduite doit être une aventure de sainteté. Mais celle-ci ne s'épanouit
Rm 15, 13 que dans un climat de confiance, de joie, de sérénité. Homme et femme de paix, ils doivent la rayonner ; porteurs de joie, ils doivent la communiquer. Leur vocation à eux aussi, « les premiers », est bien celle de la sainteté. Par-dessus tout et pour tout dire, ils doivent aimer.

Qu'ils prient incessamment pour tous leurs frères et sœurs, et toi, chaque jour, demande pour eux le double charisme de l'écoute et du discernement, dans la quête commune de la volonté de
Mt 6, 10 Dieu.

10. Humilité

L'humilité est l'âme de la vie monastique. 118

L'humilité n'est pas l'un des mets du festin mais le condiment qui assaisonne tous les mets [1]. Le silence, l'obéissance, les veilles, le jeûne, le travail et l'ascèse sont orientés vers elle pour que, par elle, s'enracine profondément en l'être le renoncement à toute suffisance et à toute soif de puissance et qu'ainsi renaisse en chacun le Christ qui n'est qu'Amour. Ph 2, 5

L'orgueil, en effet, conduit à la désobéissance, et ainsi le péché est-il entré dans le monde et, par le péché, la mort. L'humilité ramène à l'obéissance Rm 5, 12 Gn 3, 5 qui est son premier degré [2] et l'obéissance nous rend à la vie.

Comment acquérir l'humilité parfaite, le Seigneur te l'enseigne en disant : « Apprenez de moi que je suis doux et humble de cœur et vous trouverez le repos pour vos âmes. » Mt 11, 29 *Si donc tu veux acquérir l'humilité parfaite, apprends ce que Jésus a enduré et endure-le aussi* [3]. L'humilité, c'est Jésus Christ qui est descendu du ciel pour

---

1. M. 87, dans *Les Sentences des Pères du Désert*, Nouveau Recueil, Éd. de Solesmes, 1977, p. 215.

2. RB, 5 (I, p. 465).

3. Barsanuphe et Jean de Gaza, Lettre 150, dans *Correspondance*, trad. L Régnault, Éd. de Solesmes, 1972, p. 132.

faire non pas sa volonté mais la volonté de celui
Jn 6, 38 qui l'a envoyé. Voilà ce que t'apprend ton
Seigneur et ton maître pour que tu agisses comme
Jn 13, 14-15 il a agi ; lui qui n'est pas venu pour être servi mais
Mt 20, 28 pour servir. Marchant sur ses pas, tu entreras dans
le grand mystère de l'humilité de Dieu qui s'est
Is 53 fait pour nous serviteur et rédempteur, tout
Rm 5, 8 pécheurs que nous étions, témoin de l'Amour fou.

119 L'humilité doit tout d'abord te rappeler que tu
n'es qu'une créature. Souviens-toi que c'est le
Dt 8, 17 Seigneur qui te donne sa force. Comme Pierre,
Ac 10, 26 reconnais que toi aussi, tu n'es qu'un homme.
Sg 7, 1 Qu'un homme mortel semblable à tous les autres.
Et que, plus tu es grand, plus tu dois t'humilier
pour trouver grâce devant le Seigneur car, si grande
Si 3, 18-20 est sa puissance, il est honoré par les humbles.
Ainsi donc, accepte de te reconnaître humble
créature devant Dieu et, par cette crainte, tu entreras
Ps 24, 14 dans ses secrets.

L'humilité doit te rappeler ensuite que tu restes
Lc 5, 8 un pécheur.

Que c'est par grâce de Dieu que tu es ce que tu
1 Co 15, 10 es. Tu sais que nul bien n'habite en toi, je veux
dire dans ta chair ; en effet, vouloir le bien est à ta
Rm 7, 18 portée mais non l'accomplir. Par ce souvenir de
ton incapacité radicale qui t'amène à murmurer
sans cesse : « Seigneur Jésus, Fils du Dieu vivant,
prends pitié de moi, pécheur », bannis de ta vie
toute espèce d'orgueil. Il n'est pas venu appeler
Mt 9, 13 les justes mais les pécheurs. Par un humble repen-
2 P 3, 9 tir, tu peux seulement être justifié. Ton trésor, tu le
portes en un vase d'argile pour que l'on voie bien
que cette extraordinaire puissance appartient à
2 Co 4,7 Dieu et ne vient pas de toi. Aussi, avec le publi-
cain et le centurion de l'Évangile, sans cesse

redis-lui : « Seigneur, je ne suis pas digne que tu
entres sous mon toit » ; « Jésus, aie pitié du Lc 7, 6
pécheur que je suis. » *Mieux vaut celui qui voit* 18, 13
ses péchés que celui qui ressuscite les morts par sa prière ; celui qui connaît sa propre faiblesse est plus grand que celui qui voit les anges[4].

Alors, l'humilité deviendra pour toi grâce de conversion. 120

Pour former son peuple et le sanctifier, le
Seigneur l'a éprouvé par l'abaissement. Sou- Dt 29, 4
viens-toi du chemin que le Seigneur ton Dieu t'a fait parcourir pendant quarante ans, dans le désert, afin de t'humilier, de t'éprouver et de
connaître ton cœur. Toi-même, avant d'être humilié, Dt 8, 2
tu t'égarais ; maintenant, observe sa promesse. Le Ps 118, 67
Père veut te conduire par la même route pour te faire progresser car, celui qu'aime le Seigneur, il
le corrige et il châtie tout fils qu'il agrée. Car il est He 12, 6
écrit : « Il n'est pas d'homme assez juste sur la
terre pour faire le bien sans jamais pécher. » Qo 7, 20

Ainsi, le chemin de l'humilité passe-t-il par l'épreuve de l'humiliation, qui, certains jours,
peut t'apparaître comme une fournaise. *Crois que* Si 23, 2 1 P 4, 12 ; Sg 3, 6
mépris et outrages sont pour ton âme des remèdes
à son orgueil, et prie pour ceux qui te malmènent Si 4, 17
comme étant de vrais médecins. Sois persuadé que quiconque hait l'humiliation hait l'humilité[5]. Si tu es tenté, abaisse-toi encore davantage et
Dieu accourra à ton secours. Par là, tu avanceras Jc 1, 13-14
sur le chemin d'une vraie perfection et ta montée sera à la mesure même de ton abaissement, car

4. ISAAC LE SYRIEN, *Discours ascétiques* 34 ; dans *Œuvres spirituelles*, Desclée de Brouwer, 1981, p. 216.

5. DOROTHÉE DE GAZA, Lettre 2, 187 ; dans *Œuvres spirituelles*, trad. L. Régnault, J. de Préville, SC 92, 1963, p. 505.

Lc 18, 14 tout homme qui s'abaisse sera élevé. Le signe de
la parfaite humilité n'est-il pas de se réjouir des
Mt 5, 11 ; Ac 5, 41 injures ? Il t'est bon de pouvoir redire, au terme,
avec tous les disciples de Jésus, invités à se perdre
pour lui : « Nous ne sommes, nous, que de
pauvres serviteurs, nous n'avons fait que notre
Lc 17, 10 devoir. » Ainsi avanceras-tu activement vers cette
Si 1, 27-28 bonne passivité qui rendra ton âme disponible et
malléable à la grâce, pour que, humilié sous la
1 P 5, 6 main puissante de Dieu, il t'élève au bon moment.

121 Par là même, l'humilité t'enseignera la sainteté.

Les démons savent si bien qu'elle est la porte ouvrant sur la perfection que, selon les Pères du désert, ils la redoutent entre toutes les vertus. *Le démon dit un jour à Macaire : « Je ne puis me battre contre toi. Pourtant, tout ce que tu fais, je le fais pareillement : tu jeûnes et je ne mange pas du tout ; tu veilles et je ne dors jamais. Par une seule chose, tu me vaincs. » Le Père Macaire dit : « Quelle est cette chose ? » Le démon répondit : « C'est ton humilité. »* N'est-ce pas ainsi que
Mt 11, 29 Jésus a vaincu l'Adversaire ? Rien ne chasse ni ne
vainc les démons aussi efficacement que l'humilité. *L'humilité les perd* [6].

122 C'est pourquoi l'humilité exige une constante vigilance.

1 P 5, 8 Vigilance sur les pensées, les volontés, les
désirs. Sens-toi à toute heure regardé par Dieu du
Ps 44, 22 haut du ciel sachant que tes actions sont toujours
He 4, 13 à découvert sous son regard [7] et, par cette crainte,

---

6. MACAIRE 11, dans *Les Sentences des Pères du désert*, 1981, p. 178.
7. RB, 7 (I, p. 477).

tu apprendras humblement à recevoir de Dieu le partage de sa vigilante Sainteté. C'est une si grande grâce de vivre constamment dans la pensée de ce regard de Dieu sur toi. Accepte humblement Jr 12, 3
d'être ainsi sondé jusqu'au cœur et percé jusqu'en Jb 31, 4
tes moindres pensées, et tu seras conduit et protégé. Ps 138, 2.16
Cherchez le Seigneur, vous, les humbles de la terre, cherchez l'humilité et vous serez peut-être à So 2, 3
l'abri le jour de sa colère. Au-delà de toute crainte. 1 Jn 4, 17

Ainsi l'humilité conduit-elle à l'amour parfait.

À cette charité de Dieu tout d'abord, qui, parfaite, pousse dehors la peur et la crainte, tant est grande 1 Jn 4, 18
la joie de se savoir, une fois humilié et contrit, plus encore que pécheur, lavé, pardonné et redevenu, non plus serviteur mais ami d'un Dieu qui Jn 15, 15
relève les humbles. *Souviens-toi que tout labeur* Lc 1, 52 Ga 5, 15
est vain sans l'humilité, car l'humilité est le précurseur de la charité. Jean était le précurseur de Jésus et attirait tout le monde à Lui ; de même, l'humilité attire à l'amour, c'est-à-dire à Dieu lui-même, car Dieu est Amour[8].

À l'amour des autres ensuite. Si chacun, par l'humilité, estime les autres supérieurs à soi, il n'y a plus de place entre frères pour l'esprit de parti ni pour la vaine gloire, et jalousies, discordes, rivali- Ph 2, 3
tés sont repoussées. 1 P 3, 8-9

En toute humilité, douceur et patience, on est 123
alors heureux de se supporter les uns les autres, Ep 4 ,2
parce que revêtus d'humilité dans les rapports 1 P 5, 5
mutuels. Le bonheur de la communion naît de Ps 133, 1
cette soumission réciproque à laquelle entraîne

8. R. 126, dans *Les Sentences des Pères du désert*, Nouveau recueil, p. 206.

tout particulièrement l'obéissance qui devient, ainsi comprise, l'ouverture à l'amour à l'exemple
Lc 22, 27 du Christ. Qui veut être le premier parmi vous se fera l'esclave de tous, celui qui veut être grand
Mc 10, 43-44 parmi vous se fera votre serviteur. Il entre ainsi dans l'humble amour fait de tendresse et de res-
Rm 12, 9-10 pect, d'affabilité et de douceur, empreint d'une joyeuse et sereine gravité.

Au juste amour de soi-même enfin. L'humilité nous réconcilie avec nous-mêmes. Ne vous surestimez pas plus qu'il ne faut vous estimer, mais
Rm 12, 3 gardez de vous une sage estime. Si Dieu nous humilie, il ne nous méprise pas, en effet, et s'il
Lc 18, 9-14 nous abaisse, c'est pour nous relever. La véritable humilité doit te conduire à reconnaître que si, par toi-même, tu n'es rien, par Dieu, tu deviens tout :
Rm 8, 17 héritier du Christ et cohéritier de la gloire divine,
2 P 1, 4 participant de la nature divine !

124 La véritable humilité ne désespère jamais de l'amour de Dieu. Ainsi, l'humble, s'il est sage,
Si 1, 11 peut marcher la tête haute à l'exemple du Christ
Mt 11, 29 doux et humble de cœur, car Dieu l'a exalté. Il se sait profondément rien, mais du fond de son
Ph 2, 8-9 abaissement et de son abattement, au-delà du découragement, du démantèlement de soi, des épreuves par lesquelles Dieu l'a brisé *(contritio cordis)*, il se souvient qu'ayant cédé devant la
Jc 4, 10 miséricorde, l'amour du Père l'a relevé. Sa propre perfection même ne le préoccupe plus. Mis à mort par Dieu, il vit en lui.

Ph 2, 9 Laisse-toi anéantir jusqu'à cette exaltation. Descends jusqu'au bout de cette montée. Tu ne
Ex 33, 20 peux voir Dieu sans mourir. Et Dieu s'est fait, pour toi, plus bas que toi. Si tu meurs à toi-même, par l'humilité, au tréfonds de toi, tu le trouveras et

tu vivras éternellement. Le Seigneur exalte les Jb 5, 11
humbles en tête desquels est Marie. Il les dirige Lc 1, 48
dans la justice. Sois humble et, toi aussi, tu posséderas la terre, réjoui d'une grande paix. Ps 36, 11

125

Sur cette route de l'humilité, deux anciens t'accompagnent tout particulièrement de leur sagesse et de leur enseignement : saint Jean Cassien et saint Benoît.

SELON BENOÎT,
s'inspirant étroitement de saint Jean Cassien,
l'échelle de l'humilité, c'est notre vie en ce monde que le Seigneur fait monter jusqu'au ciel si notre cœur est humble.

Douze degrés jalonnent cette ascension qui est abaissement de plus en plus profond :

1. Vivre sous la crainte et le regard de Dieu, tout entier et toujours à découvert, dans une humble soumission et une constante vigilance.

2. Ne rechercher ni sa volonté propre ni la réalisation de ses désirs.

3. Choisir librement de se soumettre à un supérieur en toute obéissance.

4. Dans l'adversité, les difficultés, les épreuves, les injustices, les tribulations, embrasser la patience et persévérer sans se lasser ni reculer.

5. S'ouvrir à son supérieur de ses pensées mauvaises et de ses fautes les plus secrètes.

6. Rester serein dans n'importe quel abaissement ou mépris.

126 *7. Se dire le dernier, le plus vil, jusqu'à en être intimement convaincu.*

8. Observer strictement la règle monastique.

9. Rester sobre en parole et fidèle à l'esprit de silence pour se garder de tout mal.

10. Éviter le rire superficiel qui distrait, trouble et alourdit.

11. Savoir parler doucement, gravement, brièvement, sagement et sans éclat.

12. Alors, l'humilité envahira l'être tout entier qui en sera comme imprégné.

Une fois gravis tous ces degrés d'humilité, le moine parviendra bientôt à cet amour de Dieu qui, parfait, pousse dehors la crainte... Voilà ce que le Seigneur daignera manifester par l'Esprit Saint à son ouvrier purifié désormais de ses vices et de ses péchés (R B 7 ; I, p. 475-491).

127 Au terme de notre pâque, nous est promis le par-
Jn 17, 24 tage de la gloire divine. Mais le dernier pas de
cette route nous conduira tous au dernier degré de
Jn 12, 24 l'abaissement. Ce jour-là, pour monter au ciel,
1 Co 15, 36 nous devrons descendre en terre. Pour être attiré
Jn 6, 44 vers le ciel par le Père, tu seras descendu par tes
Qo 12, 7 frères, dans la terre. C'est la vision de ton âme
alors réduite à ce double abandon, qui doit éclai-
rer le regard avec lequel tu as à voir le sens de
Mt 24, 44 toute la route. Moine, moniale, tu as à te situer
Mt 25, 6 d'emblée au niveau de ce pas ultime et, à la lumiè-
re de ce regard, éclairer ce qui doit guider ta vie
entière. Car alors vraiment, tu seras seul en face
Lc 12, 35-36 du Seul.

L'humus de la terre dont tu es pétri te prendra. Gn 3, 19
Dieu seul pourra te relever et te donner de vivre en Qo 3, 20
sa Présence. Tout orgueil est donc vain. Regarde
ton existence à partir du seuil de ton dernier jour.
L'humilité est la porte qui ouvre à la gloire. Voilà Ps 138, 24
ce que sait et vit le moine. Mt 7, 14

Si tu meurs avec le Christ, avec lui tu vivras.

Si tu tiens ferme dans l'humilité, avec lui tu
régneras. 2 Tm 11, 12

de Jérusalem

11. Au cœur des villes

« Lève-toi, entre dans la ville et l'on te dira ce que tu dois faire. » 128 Ac 9, 6

Parce que l'un des faits majeurs de notre temps est le phénomène urbain des mégapoles, une des caractéristiques essentielles de ta vocation monastique, aujourd'hui, est d'être citadine.

Depuis toujours, la ville présente un double mystère de bien et de mal, de sainteté et de péché. Lc 24, 45-49

Positivement, elle représente un des lieux privilégiés de la rencontre de l'homme et de Dieu : elle est habitée par lui, sanctifiée par lui, consolée, réjouie par le Seigneur, fidèle, radieuse, sainte, rebâtie, restaurée et repeuplée par grâce du Très-Haut ; accueillant son propre Fils, où il enseignera, instituera l'Eucharistie, ressuscitera, enverra son Esprit, pour y fonder l'Église, en attendant d'y revenir un jour, nouvel Emmanuel, dans la gloire pour y résider à jamais parmi les hommes et y partager avec eux le bonheur de l'éternel Amour [1].

La ville est le lieu du partage de la prière, de l'amour, et la Terre ultime qui accueillera en son

1. Références bibliques de ce paragraphe, successivement : Sg 9, 8 ; Ne 11, 1 ; Ba 4, 30.36 ; Za 8, 3 ; Lm 2, 15 ; Is 52, 1 ; Jr 30, 18 ; Ez 36, 35 ; Ez 36, 10 ; Lc 13, 33 ; Jn 7, 15 ; Mc 14, 13 ; Ac 1, 3 ; Ac 2, 3-4 ; Ac 2 ; Ap 21, 23 ; Is 35, 10 ; Ap 21, 2-3.

Ap 22, 2 sein à tout jamais le nouveau Jardin. Il te faut aimer et méditer le mystère de la ville. Car Dieu lui-même l'a élue, bâtie, sauvée, sanctifiée. C'est en elle que l'homme a mis le meilleur de son intelligence, de son travail, de sa foi. Au cœur des villes, tu peux donc vivre au cœur de Dieu, car au cœur de Dieu demeure la ville. Sois moniale et
Is 60, 14 moine au cœur de la Ville-Dieu.

129 Inversement, la ville reste le lieu de l'orgueil humain, du tapage, de l'idolâtrie, du péché, des massacres et de la détresse. Elle provoque la mort des prophètes, la condamnation du Fils de Dieu, le scandale de la croix plantée près de ses remparts, sous les yeux du peuple et, finalement, la ruine et la honte [2].

Au cœur de la ville, tu mèneras donc un double combat : pour Dieu et contre le mal. Tu y recevras une double grâce : la rencontre de Dieu et la purification de ton péché. En elle tu auras à lutter et à contempler. Ce que les premiers moines allaient chercher hier dans le désert, tu le trouveras aujourd'hui dans la ville.

Toute vie monastique est un combat. Le monachisme urbain appelle des lutteurs. Jésus n'est pas
Mt 10, 34 venu apporter la paix mais le glaive.

Face à l'érotisme, au prestige de l'argent, oppose la contradiction ferme d'une vie de pauvreté, d'humilité, de pureté. Dans le bruit, conquiers ton silence ; dans la fatigue, ta paix ; dans les allées et venues multiples, ton repos en Dieu. Aucun

2. Successivement : Gn 11, 4 ; Jr 13, 9 ; Is 22, 13-14 ; Ez 8 ; Ba 4, 8 ; 2 R 14, 13 ; Jr 14 ; Lc 13, 34 ; Mc 10, 33 ; Mt 27, 33 ; Lc 23, 27-35 ; Lc 21, 24.

cloître ne protégera ta prière ; la campagne ne por-
tera pas ta sérénité ; les murs de clôture ne garde-
ront pas ta vertu. À la suite du Christ, les
Béatitudes t'appellent à vivre au cœur de la ville
un vrai combat. 1 Tm 6, 11-15

Sache aussi contempler les beautés et la sainteté de 130
la cité où Dieu réside et t'a placé. Lève, au cœur de
la ville, les deux bras de la louange et de l'interces-
sion. Chaque jour, appelle sur elle sa bénédiction.
Loue le Très-Haut pour toutes les saintes et tous les
saints qui l'habitent et la sanctifient.

Face à tant de solitudes, de dramatiques isole-
ments, vis parmi tes frères et sœurs la vraie soli-
tude que la grâce de Dieu remplit de joie ; la vraie
communion que la prière étend au-delà des sépa-
rations et des absences. Au fil des jours, la ville
t'éprouvera, te purifiera, te sanctifiera. Et toi,
comme Dieu, tu l'épouseras. Elle a autant besoin Ap 21, 3
de toi que tu as besoin d'elle. Le Seigneur lui-
même revient dans la ville et veut habiter au
milieu de Jérusalem ! Za 8, 3

Il y a toujours eu, et parfois y demeurent encore,
des moines et des moniales, et même des chartreux,
au cœur des villes. Ils y prient avec toi. Ils y prient
pour toi. Comme eux, prie dans, avec et pour ta ville. Ac 1, 4.12

« Vous donc, demeurez dans la ville, jusqu'à ce
que vous soyez revêtus de la force d'en haut. » Lc 24, 49

Aujourd'hui, plus encore, un monde nouveau a 131
surgi : hier essentiellement rural, aujourd'hui
majoritairement urbain. Ta vie répond donc à un
appel particulièrement actuel et urgent du monde,
de l'Église et de Dieu. Ac 2, 46

Crois que la vie monastique n'est pas incompatible avec le phénomène urbain des temps actuels. Le désert, à présent, est aussi dans la ville. À la suite de tous les témoins qui se sont faits, tour à tour, juifs avec les Juifs, grecs avec les Grecs et
1 Co 9, 20-21 sans-loi avec les sans-loi, sois aujourd'hui citadin avec les citadins.

Cette adaptabilité des formes dans la fermeté des moyens et l'invariabilité du but a toujours été le propre des moines. Ils n'ont jamais eu peur de faire du nouveau avec les valeurs anciennes. Garde, dans l'exigence, la même liberté ; *nova et vetera*.

Au cœur des villes, avec tes frères et sœurs, ta vocation monastique te fait donc, parmi tant
Ac 4, 33 d'autres, témoin vivant et humble du Dieu caché ;
Ac 5, 12 accueillant, par là même, tout homme de bonne volonté à entrer, s'il veut, avec toi, au matin, au
Lc 19, 47 milieu et au soir de chaque jour, dans la contemplation de Dieu. Il y invite tout homme à le chercher, car tous sont héritiers, membres du même Corps, bénéficiaires de la même Promesse, dans
Ep 3, 6 le Christ Jésus, par le moyen de l'Évangile.

132 Au cœur du désert, le moine et la moniale, par le labeur de la prière, de la conversion, de la pénitence, créent une oasis. Si, par grâce, l'eau vive jaillit, sache la partager. Au nom de la loi sacrée du désert et du saint devoir de l'hospitalité monastique, à la rencontre de l'assoiffé, va porter de
Is 21, 14 l'eau. Ne te fais pas d'ennemis en ne partageant pas l'Eau du Rocher. Pour cela, le vrai moine ne craint pas d'être dérangé[3]. Pour être saint, ne sois

3. Voir N 283-284, dans *Les Sentences des Pères du désert* (série des anonymes) ; trad. L. Régnault, Éd. de Solesmes-Bellefontaine, 1985, p. 101.

pas indifférent. Pour être séparé, ne sois pas
méchant. Même si ton ennemi a soif, donne-lui à
boire. Que l'homme assoiffé s'approche, que Rm 12, 20
l'homme de désir reçoive l'eau de la vie, gratuite-
ment. Au jugement final, il ne te sera pas deman- Ap 22, 17
dé si tu as bien bu, mais si tu as bien partagé. Non Mt 25
pas si tu as dit souvent : « Seigneur ! Seigneur ! », Mt 7, 21
mais si tu as pratiqué la charité. Non pas si tu as fui Jn 13, 34
les hommes, mais si tu les as servis. Vous avez reçu
gratuitement, donnez gratuitement. Mt 10, 8

Toute ta vie doit rester axée sur la quête première de Dieu et sauvegarder à tout prix silence, prière, *lectio divina*, vie communautaire, solitude, repos... Mais rythme ton existence sur le rythme de la ville. Sois moine d'abord, mais moine citadin. Seulement moine ou moniale, mais au cœur des villes. Travaille dans la ville, prie dans la ville, travaille et prie pour la ville. Pleure et chante avec la ville.

Comme la plupart des urbains qui bénéficient du 133
week-end, ne crains pas de prendre un jour heb-
domadaire de désert. De même qu'ils ont leurs Ex 20, 8.11
vacances, aie des temps de retraite. Cela est vital Mc 6, 31 He 4, 1-11
pour tes frères et sœurs et pour toi. Apprends à vivre différemment les valeurs similaires. Ne te couche pas trop tard ; ne te lève pas trop tôt. La ville use ; tu dois durer. Trouve ton rythme.

Refuse au dehors les visites dispersantes ; au
dedans, la télévision distrayante ; sacrifie une fois
pour toutes spectacles et cinémas : cela fait partie
des ruptures nécessaires. Mais reste informé, Jn 17, 16
ouvert à l'accueil, attentif aux cris de la cité : par
là aussi tu dois vivre la communion.

Ne t'insère pas cependant dans la ville au point de t'y dissoudre. Tu n'as pas tant à y chercher ton

meilleur enracinement qu'à apprendre à ses habitants à préparer leur meilleur déracinement. Car ils sont, eux aussi, étrangers et voyageurs sur la terre... Ils aspirent en fait, comme toi, à une patrie meilleure, c'est-à-dire céleste. C'est pourquoi Dieu n'a pas honte de s'appeler leur Dieu : il leur
He 11, 13-16 a en effet préparé une ville ! Que ta vie dise ainsi à ceux qui sont au cœur des villes qu'ils sont tous
Ps 38, 13 en marche vers le cœur de notre unique Dieu.

134 Si le Seigneur t'en donne la grâce et si tu restes fidèle, la ville ne t'enlèvera pas ta vocation monas-
Lc 9, 51 tique mais, au contraire, l'affirmera, l'épanouira.

Veux-tu connaître la solitude ? La ville n'est
Is 24, 10 qu'une solitude.

Veux-tu vivre la communion ? Dans la ville, tout
Ps 121, 3 ensemble fait corps.

Is 52, 1 Tu veux être saint : la ville est sainte.

Sainte dès l'instant où elle est lavée par le sang
Mt 27, 53 du Christ sur la croix.

Sainte parce qu'un jour il fera d'elle son épouse
Ap 21, 2 belle.

Pour être un témoin, va dans la ville : elle est
Is 1, 26 appelée Fidèle.

Pour être un juste, va vers elle : elle est dite
Is 1, 26 Justice.

Si le moine est liturge, le temple où Dieu réside
Ps 134, 2 est au centre de la ville.

S'il est martyr, Jérusalem tue les prophètes et
Lc 13, 34 lapide les envoyés de Dieu.

Désires-tu anticiper le ciel ? Le ciel est une
Ap 21, 2 ville.

Is 65, 18 Te réjouir en Dieu ? Il crée pour toi la ville-joie.

Désires-tu voir Dieu ? L'ange te fait voir la Ville
Ap 21, 10 sainte venue de chez Dieu.

Rencontrer Dieu face à face ? Dieu demeure en
Ps 131, 13 la ville.

Veux-tu te fondre en Dieu ? Sois moine dans la Ville-Dieu. Is 60, 14

C'est sur la ville qu'a été répandu le sang de l'Agneau : 135
le sang de la coupe, le sang de son front et le sang de son côté. Mc 14, 24 Lc 22, 44 Jn 19, 34
C'est sur la ville qu'est descendu le feu de l'Esprit Saint. Ac 2, 3-5
C'est sur la ville qu'a retenti la parole du Père. Jn 12, 28
Dans la ville, Jésus s'est battu contre le diable et l'a définitivement vaincu. Mt 4, 5
Dans la ville, Marie a vécu, Jésus a enseigné, les apôtres ont évangélisé, prêchant le repentir, à commencer par Jérusalem. Lc 24, 47
Les prophètes ont prophétisé dans la ville, les prêtres y ont sacrifié, les sages y ont parlé...
Les témoins ont témoigné dans la ville. Lc 24, 48
L'amante du Cantique cherche le Bien-Aimé en parcourant la ville. Ct 3, 3

Manquerait-il des veilleurs sur la ville ?

« Pour Sion je ne me tairai point...
Sur tes murailles, Jérusalem, je poste des veilleurs,
Ni de jour, ni de nuit, jamais ils ne doivent se taire ! » Is 62, 1-6

12. Au cœur du monde

Le saint moine, c'est celui qui est, avec le 136
monde, dans son désert, et au désert quand il est
dans le monde [1].

La recherche de Dieu, seul nécessaire, passe par
l'homme, car l'homme est image de Dieu, Corps Sg 2, 23
du Christ et Temple de l'Esprit. En ce monde où 1 Co 12
tout passe, Dieu seul suffit ; mais Dieu s'est lui- 1 Co 3, 16-17
même mis dans le monde et nous y a placés. À la Sg 13, 1-5
suite du Christ qui a fait de sa vie un combat
incessant face aux affrontements du monde, en Jn 15, 18-20
même temps qu'une incarnation profonde au
cœur de sa réalité quotidienne, ta vocation monas-
tique, en t'appelant à le suivre et à le servir te
convie donc à quêter le visage de Dieu là où il est :
au cœur du monde, et à y poursuivre le même Ap 17, 27-28
combat que lui. En devenant moine ou moniale, Jn 16, 33
Jésus ne te demande pas d'abord de te retirer du
monde, mais de te garder du Mal. Comme le Père Jn 17, 15
a envoyé Jésus dans le monde, lui aussi t'envoie
dans le monde. Tel est le testament du Testament Jn 17, 18
du Fils de Dieu fait homme.

Pourtant, tu ne peux chercher Dieu et te réaliser 137
pleinement toi-même qu'en te gardant de ce
monde dont la figure passe, et en en usant comme

1. Un ermite du Mont Athos.

1 Co 7, 31 n'en usant pas. Si nous sommes de Dieu, nous ne
1 Jn 4, 5-6 pouvons en même temps être du monde. C'est en
ce sens qu'il est dit : « L'amitié pour le monde est
Jc 4, 4 inimitié contre Dieu » ; et : « Si quelqu'un aime le
1 Jn 2, 15; Jn 5, 41-44 monde, l'amour du Père n'est pas en lui. Car le
1 Jn 5, 19 monde tout entier gît au pouvoir du Mauvais. » Tu
Mt 6, 24 ne peux donc servir deux mondes à la fois. C'est
pourquoi le Christ t'a averti que cette rupture
nécessaire avec le monde peut te conduire jusqu'à
la contradiction, l'incompréhension, le rejet peut-
être : « Si vous étiez du monde, le monde vous
aimerait bien. Mais parce que vous n'êtes pas du
monde, puisque mon choix vous a retirés du
monde, le monde vous hait. Rappelez-vous la
parole que je vous ai dite : le serviteur n'est pas au-
Jn 15, 19-20 dessus de son maître. » Le propre de ta vie monas-
tique reste donc la fuite du monde. La fuite de l'es-
1 Jn 4, 1-6 prit du monde, mais dans la réalité du monde.

138 Toute ton exigence monastique consistera donc à te garder du monde sans t'en couper ; à t'y insérer sans t'y diluer. C'est sur ce double commandement d'amour que tu seras jugé. *Une des tâches les plus délicates pour les moines consiste à allier harmonieusement présence au monde et détachement du monde ; l'un et l'autre étant nécessaires pour qu'ils jouent le rôle de signe du Royaume que l'Église et le monde lui-même attendent d'eux* [2]. Que ta vie cachée ne soit donc pas une vie
Mt 5, 14-15 obscure. Comme Jésus à Nazareth, vis-la devant
Lc 2, 51-52 Dieu et devant les hommes sans faire de ta rupture
un mépris, de ton retrait un oubli, de ta solitude une misanthropie. « Au contraire, agissez en tout sans murmure ni contestation afin de vous rendre irréprochables et purs au sein d'une génération dévoyée et pervertie, d'un monde où vous brillez

2. Paul VI, *Exhortation sur la vie contemplative.*

comme des foyers de lumière en lui présentant la Parole de vie. » Ta présence à Dieu n'est pas fonction de ton éloignement des fils de Dieu mais de l'ouverture de ton cœur à Dieu. C'est l'amour et non la haine qui te distinguera du monde. Pour cela, ne verse jamais dans l'ascétisme acariâtre, le dédain suffisant, la solitude bourrue, qui font ce qu'on a pu appeler *le méchant moine* [3].

Ph 2, 15-16

Jn 13, 34-35

139

Cela, toute une génération de devanciers te l'enseigne : les moines ont toujours su être proches tout en restant distants, solitaires tout en se voulant solidaires [4], attentifs aux besoins des hommes [5], tout en n'étant inquiets que de Dieu. Selon les siècles, les événements, les civilisations, tout en vaquant aux choses de Dieu, ils ont su apporter leur contribution à l'œuvre du monde... À leur exemple et à leur suite, tu as à découvrir l'équilibre de ta vie, entre une indispensable rupture et une nécessaire communion. À fuir vraiment et radicalement l'esprit du monde, tout en restant incarné en lui. À unir en toi à la fois Marthe et Marie [6].

1 Jn 2, 15-16

Jn 3, 16-17;

Jn 12, 46

Ne sacralise pas le retrait du monde en croyant que rencontre de Dieu et sanctification te seront assurées par la seule vertu de l'isolement ou de la solitude. Contre cela, même de saints moines [7], même de saints ermites [8] te mettent sévèrement en garde. Le désert ou le retrait loin du monde habituel, en eux-mêmes, ne sont pas des grâces mais seulement des moyens : on peut emporter le

3. Voir Olivier Clément, *Sources,* Stock, 1982, p. 158.
4. GR 3, p. 53 ; 7, p. 63 ; 20, p. 92 ; PR 97, p. 226.
5. RB, 53 ; 58 ; 61 (II, p. 611 s. ; 627 s. ; 637 s.).
6. Aelred de Rievaulx, *Sermon sur l'Assomption,* Soleil Levant, p. 143.
7. GR 6, p. 62 ; 7, p. 63.
8. Philoxène de Mabboug, *Lettre à Patricius*, IV, 31-32.

monde entier dans une vie de solitude et vivre un
Jn 8, 29 vrai seul à Seul avec Dieu au cœur du monde quo-
Jn 16, 32 tidien. Ne te bats donc jamais pour canoniser des
1 Tm 1, 18 ; 6, 12 formes et mène le vrai combat de la foi au plus
profond de ton cœur. C'est la foi qui te fait tenir :
Rm 11, 20 ne t'enorgueillis pas, crains plutôt et reste dans
1 Co 7, 17 ; 20.24 l'état où t'a trouvé l'appel de Dieu.

140 Tu sais pourtant que l'on ne peut épouser la vie
Lc 14, 25-27 monastique sans quitter tout ce que l'on a de cher,
rechercher des lieux de silence, vivre des temps de
Lc 10, 42 solitude, vaquer seulement aux choses de Dieu.
Pense alors que tu sers peut-être plus encore ce
monde en le quittant d'une certaine manière, car tu
lui rappelles ainsi, par ta vie, son sens ultime, son
exigence dernière, et tu lui offres l'appui de ta
Lc 17, 10 prière. Il lui est utile que tu dises être inutile. Le
monde a besoin de moines qui le quittent pour lui
Jn 14, 7 être ministres d'inquiétude, signes d'interrogation.

Plus fondamentalement, au cœur de Dieu qui a créé, racheté et tant aimé le monde, tu retrouves l'univers entier. Tu ne saurais donc être davantage présent au monde qu'en vivant constamment en présence du Créateur du monde.

Dans l'immense corps ecclésial et dans la grande
famille monastique, vis ton charisme propre dans
1 Co 12, 4-11 la complémentarité : en te réjouissant d'abord que
d'autres, diversement, vivent leur insertion et leur séparation ; en acceptant humblement, ensuite, tes limites, tant dans la proximité que dans la distance du monde. L'expérience, la vie et l'Esprit te diront peu à peu la couleur propre de ton charisme particulier et la richesse personnelle de la spiritualité de Jérusalem. Peut-être sera-t-elle avant
tout celle de l'écartèlement. N'est-ce pas cela la
Jn 15, 19 croix ?

Pour vivre de ce juste équilibre que Jésus seul a su trouver, veille sans cesse à éviter le double écueil de l'indifférence et de l'immersion. À trop te garder en rupture ou à distance du monde, ta vie ne serait plus monastique ; à trop la mettre en conformité, elle le serait moins encore. D'une part, tu dois refuser le monde ainsi qu'il est écrit : « N'aime ni le monde ni rien de ce qui est dans le monde. » D'autre part, tu dois aimer le monde, ainsi que le même apôtre l'écrit : « Celui qui n'aime pas son frère qu'il voit ne saurait aimer le Dieu qu'il ne voit pas. » Ce Dieu qui a tant aimé le monde qu'il lui a donné son Fils unique ! Si donc, toi, tu te sépares du monde, que ce ne soit pas pour le condamner mais pour que le monde soit sauvé par le Christ que tu rejoins où il est. Seul un très grand amour peut porter un juste mépris du monde. Ce n'est que pour mieux le retrouver et le servir en Dieu que tu peux le quitter et t'en séparer. Tu n'auras jamais fini d'apprendre à aimer ! 141

Jn 17, 4-7

1 Jn 2, 15

1 Jn 4,20

Jn 3, 16

Jn 3, 17

2 Co 5, 19

Ga 5, 14

Enfin, n'oublie pas que la communauté où tu vis est la part privilégiée de l'univers où tu as à te situer. Que ton monastère soit donc en premier ce lieu du monde où se vivent et se partagent l'amour, l'accueil, la joie, le travail, la ferveur, la louange, la paix. C'est cela aussi être dans le monde : révéler et trouver Dieu au cœur du monde, dans le souvenir retrouvé de sa beauté première et l'anticipation joyeuse de son bonheur à venir. Dans le désert du monde urbain, que ton monastère soit ainsi une oasis de paix, de prière et de joie. Une épiphanie de l'amour de Dieu.

Ac 4, 32

Dt 28, 9-10

Deux choses ont traditionnellement aidé moines et moniales à se situer et à se signifier dans la présence et la distance à l'égard du monde : la clôture et l'habit. 142

Is 54, 2-3 Aucune clôture murale n'entoure le périmètre de ton existence monastique. Ne regrette pas ce que tu aurais du mal à fonder sur une seule parole de l'Évangile. Mais il t'appartient d'établir autour de ta vie une clôture morale. Garde fermement les temps et les lieux où il est prévu que tu es en seul à Seul avec Dieu ou en cœur à cœur avec tes frères.

Veille sur ton œil : « La lampe de ton corps, c'est l'œil. Si ton œil est sain, ton corps tout entier sera dans la lumière ; mais si ton œil est malade, ton corps tout entier sera dans les
Mt 6, 22-23 ténèbres. »

Veille sur tes lèvres : « Que le Seigneur établisse une garde à ta bouche et qu'il veille à la
Ps 140, 3 porte de tes lèvres. »

Veille sur tes mains : « Si ta main est pour toi une occasion de péché, arrête-la. »

Veille sur tes pas : « Si ton pied est pour toi une occasion de péché, détourne-le. »

Veille sur tes rencontres : « Ne va pas t'asseoir
Ps 25, 4 ; Si 9 avec le fourbe, chez l'hypocrite tu ne peux entrer. »

Veille sur ton cœur : « Là où est ton trésor, là
Mt 6, 21 aussi sera ton cœur. »

Revêts seulement la cuirasse de la foi et de
1 Th 5, 8 l'amour, avec le casque de l'espérance du salut.
Alors, tu n'auras pas peur d'avoir comme clôture
Jr 17, 25 la ville : car cette ville sera habitée éternellement.

« Jérusalem doit rester ouverte, dit Dieu ; quant à moi, je serai pour elle une muraille de feu tout
Za 2, 8-9 autour et je serai sa Gloire au milieu d'elle. »

Pour vivre et signifier cette présence et cette distance, ton appartenance à Dieu et ta séparation du monde dans le monde, porte un habit monastique. 143

Depuis toujours et partout, et même hors du christianisme, moines et moniales ont eu un habit enveloppant leur prière, disant leur pauvreté, signifiant leur consécration et leur appartenance perpétuelle et entière au Seigneur, exprimant leur simplicité de vie et leur communauté de sentiment. Ainsi en est-il pour toi. Aime ce symbole de ta communion avec les Pères et de la transmission de leur esprit que ta vie, à sa manière, nouvelle et ancienne, prolonge aujourd'hui.

Ne cherche pas cependant à faire plus monastique que les moines et, quand tu vas à ton travail, comme eux, si nécessaire, en accord avec la communauté, sois en tenue de travail. Mais, pour le reste, porte l'habit qui t'a été donné.

Avec l'Orient, crois que l'habit façonne le moine. Avec l'Occident, rappelle-toi que lui seul ne le fait pas. Revêts ton corps et habille ton cœur. Habite ton habit. Moines et moniales, notre habit nous rappelle à tous que nous sommes des consacrés.

En coule, tu célèbres la divine Liturgie. En habit monastique, célèbre la liturgie de la table, de la cellule, du chapitre, du monastère. Toute ta vie est liturgie. 144

Signifie par lui ton appartenance au Christ et
que tu es à lui tout entier et pour toujours : « Vous
avez été bel et bien achetés ! » Oui, nous lui 1 Co 7, 23
sommes vendus ! Mais au titre de l'Amour.
Moniale, tu es l'épouse du Christ. Moine, tu es le 1 Co 7, 22 2 Co 11, 2
disciple du Christ. « Vous tous, en effet, qui avez Jn 15, 8

été baptisés en Christ, vous avez revêtu le
Ga 3, 27 Christ. » « C'est vous qui êtes mes témoins –
oracle du Seigneur – et mes serviteurs que j'ai
Is 43, 10 choisis.» Si tu sais porter ton habit monastique
sans honte ni murmure, ce sera pour toi route de
liberté, de joie, entrée dans la Kénose du Christ et
chemin vers sa Gloire.

Ne crains pas de faire triste : la joie est dans le
Ps 18, 9 ; Pr 15, 30 regard.

Ne regrette pas de rester anonyme : Dieu t'ap-
Is 43, 10 pelle à être témoin.

N'aie pas peur de provoquer : croyants et incroyants attendent de toi le courage d'une foi silencieusement et joyeusement signifiée.

Si l'on te méprise, sache qu'on a méprisé le
Jn 15, 18-19 Lc 10, 16 Christ avant toi.

Ne crains pas de faire uniforme ou différent : la
mode à laquelle chacun se soumet est autrement
impérialiste et versatile. Apprends par là la
Ga 5, 13 liberté !

145 Cet habit, tu ne l'as pas choisi, tu l'as reçu : il
t'ouvre ainsi à la pauvreté et à l'humilité. Il t'a été
remis : il t'ouvre ainsi à l'obéissance. Ne lui donne
pas plus de valeur qu'il ne saurait en avoir mais
crois qu'il représente un test révélateur pour les
renoncements à venir, autrement vitaux, auxquels
la vie monastique te conviera. Dieu te demandera
un jour, comme à Abraham, non seulement de tout
quitter, de marcher devant lui, mais aussi de lui
Gn 22, 2 immoler ton Isaac. Tu n'as pas encore résisté jus-
He 12, 4 qu'au sang dans la lutte contre le péché !

Séparé de tous et uni à tous, moine ou moniale,
au cœur du monde, revêtu de sa beauté, chante la
Ba 5, 1-2 ; Is 61, 10 gloire de ton Dieu !

13. En Église

Hors de l'Église, nul ne peut être moine. 146

Toute vie monastique authentique implique une appartenance effective à l'Église.

D'une part, parce que la vocation monastique ne peut s'épanouir que dans le cadre d'une réalité ecclésiale ; d'autre part, parce que son sens ne s'approfondit pleinement que dans le mystère de l'Église. Tu dois donc, tout à la fois, méditer ce mystère et creuser cette réalité pour trouver, dans cette contemplation de la plus belle des œuvres divines, la sainte Église, de quoi éclairer et soutenir chaque jour ta marche laborieuse vers Dieu.

Le mystère de l'Église est celui d'un peuple
nouveau racheté par le sang de l'Agneau, faisant Ep 4, 1-7 Ep 2, 19
de tous les baptisés des fils en son Fils, des concitoyens des saints et des membres de la maison de
Dieu. Vivifié par l'Esprit, ce peuple saint est réuni 1 P 2, 9
dans le Christ pour avoir accès par lui auprès du Ep 2, 18
Père.

Dans le Christ qui l'a rachetée, fondée, sanctifiée, toute la construction de l'Église s'ajuste 147
donc et grandit en un temple saint. En lui chacun est intégré à l'édifice pour devenir une demeure
de Dieu dans l'Esprit. Pour réaliser ce grand mys- Ep 2, 21-22

1 Co 12, 12-30 tère qui est celui-là même du Corps du Christ –
car nous sommes le Corps du Christ et membres
12, 27 chacun pour sa part –, l'Église prolonge dans le
monde la présence, la louange et la mission du
Christ en s'associant au sacrifice de celui qui s'est
He 2, 10-18 offert lui-même au Père pour la vie du monde.

Moine ou moniale, pour quêter le visage du
Christ à qui tu veux donner ta vie, et pour t'unir
au mieux à son sacrifice, tu es membre privilégié
Col 1, 24 ; Ep 1, 11-12 de son Église.

Le constructeur de cette vivante unité, c'est
l'Esprit qui est aussi vie et force du peuple de
Ac 2, 1-4 Dieu, lien de sa communion, vigueur de sa mission, source de ses multiples dons, de son admirable harmonie, lumière et beauté de son pouvoir créateur, flamme de son amour [1]. Aussi bien est-ce en un seul Esprit que tous nous avons été baptisés pour ne former qu'un seul Corps. Car tous nous
1 Co 12, 13 avons été abreuvés d'un seul Esprit.

Pour vivre sous la mouvance de l'Esprit qui doit guider toute ta vie, moine et moniale, vis au cœur de l'Église de Dieu.

148 C'est donc par l'Église, avec elle et en elle, que tu participes à la vie en Christ et à la vie dans l'Esprit. Et puisqu'il n'y a qu'un seul Corps et qu'un seul Esprit, il n'y a aussi pour toi qu'une
Ep 4, 4 Espérance au terme de l'appel que tu as reçu : celle de l'Église ta mère. *Cette communion des saints dans l'unité de l'Église et de la foi est telle que, croyant en un seul Dieu, renés dans un seul baptême, fortifiés par un seul Esprit Saint, nous*

1. Vatican II, Constitution dogmatique sur l'Église, *Lumen gentium* (LG), n° 4, 7, 9, 12, 18, 21.

sommes tous élevés par la grâce de l'adoption à l'unique vie éternelle[2].

Nous donc, nous communions à l'Esprit Saint si nous aimons l'Église, et nous l'aimons si nous tenons en son unité dans la charité[3]. Plus tu seras d'Église, plus ta vie sera donc centrée sur le Christ et animée par l'Esprit, et par là même monastique. *La sainte Église est le Corps du Christ, un seul Esprit la vivifie, l'unifie dans la foi et la sanctifie... Quand donc tu deviens chrétien, moine, tu deviens membre du Christ, membre du Corps du Christ, participant de l'Église et de l'Esprit du Christ*[4].

Ainsi as-tu accès à la grâce de Dieu par la sainte Ep 2, 18-19
Église qui, en même temps, signifie sa Présence et te transmet sa Vie, devenant pour toi réalité sacramentelle.

En méditant ce mystère de l'Église, mystère de 149
vie et d'unité de la rencontre de Dieu en l'homme
et de l'homme en Dieu, tu trouveras la sève pro-
fonde qui conduit tout l'élan monastique depuis
ses origines. C'est cette Église maternelle qui Ep 4
saura t'apprendre l'écoute de la Parole, la prière intérieure, la passion pour l'unité, la fidélité dans la foi, la constance dans ta mission propre, le service des frères et l'humilité du repentir. Autant de vertus types qui font la vie monastique[5]. C'est par l'Église que tu vivras ta sanctification et ta mission proprement monastiques, au cœur des Fraternités de Jérusalem.

---

2. S. Pierre Damien, PL. 145, 231 s.
3. S. Augustin, *Commentaire sur le Ps. 130.*
4. Hugues de Saint-Victor, *De Sacramentis*, II, 1, 2.
5. Rapport évêques-religieux, *Mutuae Relationes* (MR) § 4 ; dans DC n° 1748, p. 778,.

Ta vie monastique est donc une marche à la
Lc 9, 13 suite du Christ faite en Église. Par la profession
des conseils évangéliques de pauvreté, de chasteté
Jn 12, 26 et d'obéissance, la promesse de conversion des
mœurs et de la tendance à la prière continuelle,
l'engagement d'écarter tout obstacle susceptible
de s'opposer à la charité et à la perfection du culte
divin [6], tu t'engages à pousser jusqu'au bout la
commune vocation baptismale à la vie dans
Ga 5, 22-25 l'Esprit.

Le moine se livre totalement à Dieu aimé par-dessus tout, pour être ordonné au continuel service du Seigneur et à sa Gloire à titre nouveau et particulier, par une donation totale de soi qui l'unit à l'Église et à son mystère de manière spéciale [7]. À tel point qu'il y a un lien indubitable entre la vie monastique et la vie de l'Église, entre la sainteté monastique et la sainteté ecclésiale [8]. Ton état monastique, dès lors, *ne se situe pas entre la condition du clerc et celle du laïc, mais il provient de l'une et de l'autre, comme un don spécial pour toute l'Église* [9]. Par cela, tu participes d'une manière particulière, *en tant que consacré, à la nature sacramentelle du peuple de Dieu* [10].

150 Par ta vocation monastique, deviens donc un
témoin visible de ton appartenance à Dieu. Par
cette vocation ecclésiale, offre au monde un signe
Mt 5, 14 visible de l'insondable Mystère du Christ et de la
richesse incomparable de son amour pour toi, qui
Ep 3, 19 surpasse toute connaissance. Par elle encore,
témoigne publiquement, dans l'Église-sacrement,

6. MR, § 10.
7. LG, § 44.
8. *Ibid.*
9. LG, § 43.
10. MR, § 10.

que *le monde ne peut être transfiguré et offert à Dieu sans l'esprit des Béatitudes*[11]. Par elle enfin, avec tes frères et tes sœurs consacrés, enrichis l'Église d'un charisme propre qui trouve sa place 1 Co 12, 7
dans l'harmonie du Corps tout entier. Sois donc attentif et fidèle à cette double mission de témoignage silencieux et de vie dans l'Esprit, à la fois charismatique et apostolique. Le Seigneur veut que tu sois, dans son Église, le témoin discret mais authentique, de cet absolu qui vaut plus que tout. Mt 6, 33

Par ta vie d'ascèse et de renoncement, participe à l'Église souffrante. Col 1, 24

Par le témoignage d'une vie disant que Dieu seul suffit, participe à l'Église militante. Jn 6, 27

Par tout ce que ta vie anticipe déjà du royaume des cieux et par le lien que ta liturgie établit avec la communion des saints du ciel, participe à l'Église triomphante. He 12, 22-23

Que toute ta vocation monastique soit ainsi au cœur même du grand Mystère ecclésial.

Cette appartenance à l'Église se marque par le 151
lien avec l'épiscopat.

L'Église, c'est le peuple uni à son pasteur ; l'évêque est dans l'Église et l'Église dans l'évêque[12]. Tu ne peux contredire aujourd'hui ce que la Tradition dit depuis des siècles.

Le Seigneur lui-même a institué, dans son Église, des ministères variés qui tendent au bien de tout le Corps[13]. Parmi ces ministères, celui de l'épiscopat est le fondement de tous les autres. En dehors de

---

11. LG, § 31.

12. S. Cyprien, *De l'Unité de l'Église,* Éd. du Cerf, coll. Unam Sanctam 9, 1942.

13. LG, § 18.

l'évêque, nul n'exerce dans l'Église une fonction organique de fécondité [14], d'unité [15], de pouvoir spirituel [16] et d'appel à la sainteté, aussi fondamentale et qui influe sur toute l'activité ecclésiale [17].

152 Entre le privilège de l'exemption et l'étroitesse de l'incardination, notre vocation monastique se situe dans un lien fondamental avec l'Église locale en la personne de son pasteur.

Nous n'avons pas à créer une église dans l'Église mais à être cellule d'Église dans l'Église une et sainte. Vis en cela la lettre et l'esprit consignés dans les Constitutions de ton Institut : elles sauvegardent à la fois ta spécificité monastique dans une indispensable autonomie, et marquent en même temps ton appartenance à l'Église locale par laquelle tu existes, que tu sers et dont tu es.

Crois à la richesse et au développement de la
1 P 1, 20 théologie en ce domaine, retrouvant ainsi la sève profonde des origines. Ton écoute et ta disponibilité à l'égard de la hiérarchie provoqueront en elle la grâce qui reviendra sur toi. Convertissant ta vocation contemplative, tu la convertiras à la contemplation. N'entretiens à cet égard aucune nostalgie historique ou sociologique. Cet esprit de filiale dépendance dans la foi te permettra plus encore de sauvegarder et d'enrichir ta spécificité monastique. Crois que les évêques y croient autant que toi ! Et si, d'aventure, apparemment ce n'était pas le cas, ton obéissance vaudrait plus que tout et ta déférence les amènerait alors à lui donner toute leur confiance et leur foi.

---

14. LG, § 19.
15. LG, § 23.
16. LG, § 22.
17. MR, § 6.

C'est l'Église qui a fondé la Famille monastique 153
de Jérusalem. Elle l'a posée sur le fondement qui s'y trouvait déjà, à savoir Jésus Christ. Le frère (1 Co 3, 11) qui en est le « fondateur » n'en est que l'instrument inutile. Mais Dieu a voulu qu'il soit nécessaire (Ac 9, 15 ; Rm 15, 17) : *Le charisme du fondateur se révèle comme une expérience de l'Esprit, transmise à ses disciples pour être vécue par ceux-ci, gardée, approfondie, développée constamment en harmonie avec le Corps du Christ, en croissance perpétuelle. C'est pourquoi l'Église défend et soutient le charisme propre des diverses fondations*[18].

Reconnais en lui le serviteur de l'Église du (Lc 17, 10) Christ et celui aussi par qui une grâce particulière a été faite à ta Fraternité ; vois le charisme propre qui est le sien par lequel Dieu t'a parlé dans l'Esprit, et accepte-le. En mettant ainsi à sa juste place ce frère aîné, tu lui accorderas toute sa place et, par-delà sa faiblesse humaine, c'est sur la sainteté de l'Église du Christ, dont il est le serviteur, que tu t'affermiras[19].

Vis donc ainsi la double écoute du Christ à travers l'épiscopat et de l'Esprit à travers le charisme de fondation[20]. *De cette façon, la communion organique de l'Église, sous son aspect spirituel comme sous son aspect hiérarchique, tire son origine et sa force du Christ et de son Esprit*[21]. (Ep 2, 20-22)

L'évêque, vis-à-vis de la Fraternité, représente 154
le Christ. (Lc 10, 16)

C'est lui qui discerne l'opportunité de sa fonda-

---

18. Vatican II, Décret sur la charge pastorale des évêques, *Christus Dominus* (CD), § 33 et 35 ; MR, § 10.

19. MR, § 12.

20. MR, § 9.

21. MR, § 5.

tion, la permet, l'établit, la protège et la conduit[22].

C'est lui qui approuve et authentifie la règle de vie qui conduit sa marche[23].

C'est lui qui institue la famille monastique à laquelle tu appartiens en lui conférant la dignité d'un état canonique de vie[24].

Il veille donc à ce que celle-ci croisse et s'épanouisse dans l'esprit du charisme de son origine[25].

Il lui reconnaît son caractère propre et sa mission spécifique et se concerte avec elle pour lui confier, selon les circonstances, tâches et mandats particuliers[26].

Plus fondamentalement, il consacre les moines et moniales à un plus haut service du peuple de Dieu[27] et présente la profession religieuse comme un état de consécration à Dieu[28].

Célébrant fondamental de l'Eucharistie, il en délègue le pouvoir à chaque prêtre du monastère
1 Co 11, 25-26 autour de qui se constitue l'assemblée eucharistique, et fait du moine un liturge dans l'Église de Dieu, au milieu des hommes. Voué à Dieu et à son troupeau par le don de toute sa vie, l'évêque invite chacun à vivre ce même abandon au Père et aux frères et sœurs.

« *Perfector* », il conduit à la sainteté, avant même de gouverner et d'enseigner[29].

Représentant enfin l'Épouse du Christ, dont il porte l'anneau, il est le principal dispensateur des

---

22. LG, § 45.
23. *Ibid.*
24. *Ibid.*
25. *Ibid.*
26. MR, § 8.
27. LG, § 44.
28. Vatican II, Constitution sur la Liturgie, *Sacrosanctum Concilium* (SC), § 80, 2.
29. LG, § 25-27.

mystères de Dieu et l'artisan de la sanctification de son troupeau selon la vocation reconnue à chacun[30].

Pour vivre avec justesse ta vocation monastique, 155
tu dois bien comprendre le sens de ce charisme
épiscopal. Aie donc à l'égard de ton évêque
l'écoute attentive que mérite celui qui a été placé
sur ta route par le Christ lui-même pour gouverner
ta vie selon l'Évangile. Si tu l'écoutes, tu écoutes
le Christ ; si tu le méprises, tu méprises le Christ. Mt 18, 18 ; 16, 18
Lui-même alors saura respecter ta vocation per- Mt 10, 40
sonnelle, le charisme de ta communauté, sans se Jn 13, 20
substituer ni au fondateur, ni au prieur général élu
par les frères, ni à la prieure générale élue par les
sœurs, ni interférer dans les domaines qui ne sont
pas les siens, tant au plan du gouvernement interne
que du discernement, de la spiritualité ou de la
liturgie de ta famille monastique[31].

L'archevêque de Paris a érigé l'ensemble de tes 156
Fraternités en deux « Instituts religieux à caractère monastique ». Ces deux Instituts, de frères d'un côté, de sœurs de l'autre, ont leurs propres Constitutions et leur propre autonomie. Autonomie de logement, en deux habitations distinctes ; de gouvernement avec, pour chaque Institut, un prieur général et une prieure générale séparément élus ; de discernement et de financement.

Ainsi peux-tu vivre une vocation spirituelle commune à l'ensemble des frères et des sœurs mais dans une séparation matérielle bien marquée ; et, dans ta propre fraternité, en lien ecclésial direct avec ton Église diocésaine, tout en restant en com-

30. CD, § 15.
31. MR, § 13.

munion profonde avec l'ensemble de Jérusalem. Rends grâce au Seigneur pour cette unité si respectueuse des diversités et pour cette complémentarité qui laisse vivre les vraies libertés.

Aime les Constitutions que l'Église t'a officiellement données et qui valent à tes Fraternités une grâce ecclésiale toute spéciale de solidité et de fécondité. Souviens-toi que ces Constitutions que tu as votées ou auxquelles tu adhères en intégrant ton Institut religieux, t'engagent en conscience. Respectes-en la lettre. Vis-en l'esprit. En les observant, elles te porteront. Avec le Livre de Vie, elles te guideront. *Garde ta règle et elle te gardera.*

157 Dès lors, en quoi va consister pour toi l'évangélisation dans cet ensemble ecclésial ?

D'abord, en ce que tu dois crier l'Évangile par toute ta vie [32]. Le moine évangélise en s'efforçant de vivre dans leur radicalité les conseils évangéliques. Tu feras ainsi germer sur terre, sans phrases mais réellement, un peu plus de paix, de miséricorde, de pureté, de douceur, de justice. Par là, déjà, tu évangéliseras.

Ensuite, par le fait que, en te situant premièrement au niveau des réalités spirituelles (et secondairement au plan des réalités politiques, sociales, économiques, culturelles), tu atteins ainsi au plus réel de l'existence des hommes : ce point inaliénable et aussi universel qu'immortel, et que Jésus le premier appelle notre âme. De tout le réel, c'est le plus réel. Que sert à l'homme de gagner l'univers s'il perd son âme ? (Lc 9, 25) Que ta vie dise au monde le cri de l'Évangélisateur : « Insensé ! Cette nuit,

32. CHARLES DE JÉSUS, *Œuvres spirituelles*, p. 395.

on te la redemandera, ton âme ! Et ce que tu as
amassé, qui l'aura ? » Et tu ouvriras ainsi les Lc 12, 20
hommes à la quête du vrai trésor.

Par le témoignage de ton amour partagé disant 158
au nom de qui tu aimes, et celui de ta prière litur- Ac 2, 47
gique disant à qui tu parles, tu évangéliseras au mieux un monde avide de connaître celui qui est à la source de cette recherche et de cet amour. Bien mieux sans doute qu'avec des discours : Dieu est
Amour et seul l'amour partagé peut dire Dieu. Vis Jn 13, 35
donc avec tes frères, avec tes sœurs, de telle sorte que l'on puisse dire encore : *« Voyez comme ils prient ; voyez comme ils s'aiment »* [33] et que l'on
soit ainsi renvoyé à Celui qui est la Source de cet Ac 5, 12-14
amour et de cette prière. Mt 5, 16

Crois enfin que dans l'œuvre évangélisatrice, la prière d'intercession garde la suprême efficacité et que les vrais contemplatifs, en ce sens, ne sont pas les moindres missionnaires.

Si ta fonction n'est donc pas d'être pasteur, 159
chargé de tel secteur territorial ou paroissial, tu n'en es pas moins apôtre, toi qui veux vivre le
« quitte tout » apostolique et choisis de mettre tout Mt 19, 27
en commun à la manière des premières commu-
nautés apostoliques. C'est cet abandon de tout Ac 2, 44
pour le Christ et ce partage de tout au nom du
Christ, qui fait l'apôtre. Ta vocation monastique Ph 3, 7-8
est donc, en cela aussi, éminemment apostolique.

Ce témoignage de l'absolu de Dieu t'appelant à la radicalité de ta vie dans l'esprit de l'Évangile du Christ, vis-le jusqu'au témoignage suprême :

---

33. Voir Tertullien, *Apologétique,* XXXIX, 7.

Sois martyr par l'esprit, meurs au péché, mortifie-toi et tu seras pur dans ton esprit et martyr du Christ[34]. Annoncer l'Évangile en effet n'est pas pour toi un titre de gloire ; c'est une nécessité qui t'incombe. Oui, malheur à toi si tu ne prêchais pas
1 Co 9, 16 l'Évangile ! De toute ta vie offerte en sacrifice,
He 10, 7 redis : « Voici, je viens ! »

Que ta communauté, par la ferveur de sa prière, la réalité de son amour, la vérité de son accueil, soit cette cellule d'Église en tout semblable à ce que le Christ veut qu'elle soit : une, sainte, apostolique et universelle ; épiphanie du Seigneur de
Ph 2, 15 Mt 5, 14-16 Lumière.

160 Aime l'Église d'un grand amour mystique et filial.

Dignité grande et surnaturelle que reçoit l'homme en devenant membre de l'Église ! Merveilleuse union avec le Christ et, par le Christ, avec Dieu et avec tous les membres de l'Église ! Sublime mystère que celui de cette appartenance à l'Église ! Aussi grand que celui du Corps mystique du Christ ; que celui de l'Eucharistie, son achèvement ; que celui de l'Incarnation, sa base ; que celui de la Grâce, son fruit[35]... Par son entrée dans l'Église, ton âme consacrée devient la véritable épouse du Fils de Dieu.

---

34. N 600, dans *Les Sentences des Pères du Désert*, Éd. de Solesmes-Bellefontaine, 1985, p. 256.
35. Matthias-Joseph SCHEEBEN, *Le Mystère de l'Église et ses sacrements*, Éd. du Cerf, coll. Unam Sanctam 15, 1946, p. 82.

14. Jérusalem

Jérusalem est ton nom nouveau. 161

Un nom exprime une appartenance, traduit une mission, rappelle une exigence. Ap 3, 12

Le nom de Jérusalem que tu portes désormais, dit que tu appartiens au Seigneur tout entier et pour toujours ; que ta mission est de te laisser envahir par l'amour de Dieu et de l'annoncer par une vie de sainteté. Séparé de tous, vis uni à tous. Au cœur des villes, demeure au cœur de Dieu !

Parce que Jérusalem est la ville donnée par Dieu aux hommes et bâtie par les hommes pour Dieu, devenant en cela la patronne de toutes les villes du monde et que ta vocation est d'être citadin, tu es moine et moniale de Jérusalem.

Parce que Jérusalem est le lieu privilégié de la
rencontre de l'homme et de Dieu et que ta vie est Lc 1, 22.41 ;
une quête de cette rencontre et de cet épanouisse- 4, 9 ; 9, 51 ; 13, 22 ; 19, 47
ment en lui, tu es moine et moniale de Jérusalem.

Parce que Jérusalem est la ville où Jésus Christ 162
est monté pour adorer, enseigner, mourir et ressusciter, et que ta vie est une marche derrière lui
qui y fut de plus en plus seul en face du Seul, tu Jn 16, 32
es moine et moniale de Jérusalem.

Parce que Jérusalem est le lieu béni de la venue de l'Esprit sur l'Église et que ta vie monastique est une vocation ecclésiale et spirituelle, autour de l'Évangile des apôtres et de la personne de Marie,
Ac 1, 13-14 ; 2, 5 comme au premier jour de Pentecôte, tu es moine et moniale de Jérusalem.

Parce que Jérusalem est le lieu des premières
Ac 2, 42-47 ; 4, 32-35 communautés chrétiennes pré-monastiques et que dans ce partage d'amour et cette ferveur de prière est la source de ta vocation orante et fraternelle, tu es moine et moniale de Jérusalem.

163 Parce que Jérusalem est le lieu où les trois religions monothéistes sont merveilleusement rassemblées et dramatiquement divisées et que ta vocation est de vivre l'œcuménisme des fils
He 11, 10-12 d'Abraham en lien vivant de communion, tu es moine et moniale de Jérusalem.

Enfin, parce que la Jérusalem d'en-haut qui est
Ga 4, 26 libre et notre mère est la promesse de notre récompense dernière, et que toute notre vie monastique cherche à anticiper l'entrée dans le
Ap 22 Royaume et tend de toutes ses forces vers lui, tu es moine et moniale de Jérusalem.

La fête qui exprimera au mieux tout cela, et devient de ce fait celle de tes Fraternités, sera
Mc 14, 12-16 celle du saint jour de Pâques.

Il est clair que ce nom te dépasse tout comme celui de chrétien ou de fils de Dieu. Reste donc humble en te sachant indigne de le porter et fais tout pour l'exprimer par une vie de vérité. Laisse-toi imprégner par lui, façonner par la grâce qu'il porte, et peu à peu, deviens, par le nom que tu as reçu, ce qu'il te rappelle que tu es : fils et fille de
Ps 86, 5 ta Mère, la Jérusalem nouvelle.

En lisant l'Écriture, en chantant les psaumes, en 164
méditant les prophètes, en suivant la trace du Christ, dans l'Évangile laisse-toi enseigner par « Jérusalem ». Ce nom deviendra pour toi comme une clef pour les saintes Écritures, un appel incessant à la conversion, au repentir, à la louange, à la sainteté, à la jubilation :

Aux jours de peine, ton nom te réconfortera : Courage, Jérusalem, il te consolera celui qui t'a donné un nom! Ba 4, 30

Aux jours de lassitude, il te réveillera : Sur tes murailles, Jérusalem, je poste des veilleurs ; ni de jour, ni de nuit, jamais ils ne doivent se taire. Is 62, 6 ; 52, 8

Aux jours de médiocrité, il te convertira : Malheur à toi, Jérusalem, qui restes impure! Combien de temps encore tarderas-tu ? Jr 13, 27

Aux jours d'inquiétude, il t'apaisera : Voici que je fais couler vers Jérusalem la paix comme un fleuve. Is 66, 12

Aux jours de joie, il te dilatera : Qu'on soit dans la jubilation et qu'on se réjouisse, car je vais créer Jérusalem « Joie » et son peuple « Allégresse ». Is 65, 18

Tout au long de la vie, par ce nom, le Christ t'appellera à le suivre : Voici que nous montons à Jérusalem ! Mc 10, 33

Au terme de la vie, il t'accueillera : Je graverai sur toi le nom de la cité de mon Dieu, la nouvelle Jérusalem qui descend du ciel et le nom que je porte. Ap 3, 12

Tu as reçu ce nom dans le secret de ton cœur, au terme du carême de la pénitence, dans la nuit de Pâques. Tu l'as reçu officiellement, de l'Église, au terme du carême de la joie, dans la lumière de Pentecôte. Que chaque année, Jérusalem t'encourage à vivre cette double marche d'ascèse et de louange en souvenir des jours bénis où ce nom te fut donné. Dans la joie du Christ ressuscité et la lumière de l'Esprit sanctificateur.

165 Il sera bon que, sur le tronc commun initial de Jérusalem, né pour vivre, au cœur des villes, une exigence de prière, d'amour, de travail, de silence et de partage, dans un esprit de chasteté, de pauvreté, d'obéissance, d'humilité et de joie, puissent s'épanouir des rameaux dont la diversité ne fera que renforcer l'unité. La multiplicité des charismes, la diversité des appels entendus, la variation des itinéraires selon les âges de la vie de chacun, tout cela demande de rester attentif à différents types de vocations pouvant s'harmoniser dans la communion de la même Famille monastique, non point pour refaire en miniature toute l'Église, mais pour partager librement et largement avec ceux que l'Esprit envoie, pour vivre eux aussi « au cœur des villes, au cœur de Dieu ».

166 Que « *Jérusalem-cénacle* », s'inspirant à la fois du Carmel et de saint Benoît, prenne la couleur d'une communauté cénobitique bien structurée sans être trop institutionnalisée, où liturgie, vie commune, adoration, temps de cellule, travail salarié, accueil discret, trouvent leur place dans l'harmonie.

Que « *Jérusalem-temple* », s'inspirant à la fois de saint Basile et de saint Dominique, ait l'allure d'une communauté plus apostolique, mettant très fort l'accent sur la vie fraternelle, l'insertion ecclésiale, le prolongement apostolique par une note pastorale aux contours bien définis, mais tout en sauvegardant fermement toutes les exigences monastiques de silence, de prière et de solitude.

Que les *« Laures de Jérusalem »,* s'inspirant à la fois de saint Bruno et de frère Charles, puissent s'ouvrir aux vocations de frères ou de sœurs appelés à plus de silence ou de solitude, mais insérés « au cœur des masses » dans le désert des grandes villes. À côté du cénobitisme, le monachisme a toujours vu fleurir l'érémitisme. Pour ce qui est de l'esprit et du rythme de vie de ces frères et sœurs en solitude, conforme-toi à ce qu'en disent les Constitutions de ton Institut. Cette distinction bien typée, classique et logique, libère les charismes respectifs et, de cette complémentarité reconnue, naîtra une profonde harmonie. Et une vraie liberté spirituelle pour tous, dans la joie et la paix. 167

Autour de chaque communauté cénobitique de moines ou de moniales, des frères ou des sœurs (auxquels il sera reconnu un charisme fondamental et éprouvé, les appelant à un plus grand engagement de type professionnel, caritatif ou pastoral) seront accueillis à titre de *« Familiers »*. Pour cela, conforme-toi à ce qu'en précisent leurs Statuts particuliers.

Que la Famille de Jérusalem, enfin, permette à des laïcs, hommes et femmes, célibataires ou mariés, de tous âges, de toutes conditions, de tous milieux, de vivre dans le respect de leurs engagements familiaux, professionnels, économiques, sociaux, culturels, civiques ou politiques, quelques-unes des exigences essentielles de Jérusalem et de son esprit évangélique. Ils forment ensemble une Association de Fidèles. Respecte en 168 cela les Statuts propres élaborés pour eux en lien avec l'ensemble de Jérusalem.

Que tel soit, si Dieu le veut, l'arbre de Jérusalem dans le cadre de chaque Église locale.

Aime que ta Famille monastique puisse avoir ces colorations variées, et prie pour que rien, d'une manière ou d'une autre, par trop d'audace ou de crainte, de prudence ou d'impatience, ne vienne ici faire obstacle à la grâce du Seigneur.

169 Pour que de telles diversités puissent s'harmoniser dans une communion dynamique et vivante et ne soient pas livrées à la fantaisie des vouloirs propres, il importera :

D'une part, que le discernement des vocations et la désignation des appartenances soient faits par les prieurs généraux après écoute de leurs conseils, qui ont ainsi un rôle capital à jouer. Seule l'obéissance peut en effet aider ici à agir selon la volonté de Dieu et sauvegarder l'unité.

D'autre part, qu'entre toutes ces Fraternités ou modes de vie consacrée, de forts liens de communion soient établis et fermement tenus, à savoir :
le Livre de Vie, *les Constitutions* et *les Statuts*, pour maintenir le même esprit ;
le Nom, pour signifier le même charisme monastique ;
la liturgie, pour exprimer la même spiritualité contemplative ;
un habit liturgique, pour indiquer la même consécration et la même appartenance ;
une coordination centrale, pour établir, entre les communautés, concorde et harmonie, représentée par les prieurs généraux et les chapitres généraux.

Toi, fais tout ce qui est en ton pouvoir pour aimer, vouloir, défendre et enrichir cette unité vivante. Et tu n'auras rien à craindre : Puisque l'Esprit est notre vie, que l'Esprit aussi nous fasse agir ! 170

Ga 5, 25

Sur ce tronc commun, les divers rameaux pourront alors fleurir et grandir. La diversité des Fraternités ainsi typées ne fera qu'embellir l'unité de Jérusalem. Des passerelles bien établies entre chaque maison diront que l'Esprit qui les anime est bien celui de la même Famille monastique, dans le respect profond des autonomies de chaque Église locale. Jérusalem n'est pas un Ordre, mais une Famille de Fraternités, ayant pour les moines et les moniales le titre d'Institut religieux et des Constitutions propres ; et pour les laïcs, le titre d'Association de Fidèles et des Statuts propres. « Crie de joie, Jérusalem !... Élargis l'espace de ta tente, déploie tes tentures sans contrainte, allonge tes cordages, renforce tes pieux ! Car tu vas éclater à droite et à gauche et les tiens peupleront des villes abandonnées. »

Is 54, 1-3

Ce qui t'aidera à renforcer cette unité et à marquer fortement cette appartenance, c'est la vertu de stabilité. 171

La stabilité est d'abord une vertu chrétienne. Un chrétien instable ne saurait devenir un moine stable ! Par ton baptême, tu appartiens au Christ une fois pour toutes. Dieu est à jamais fidèle. Son amour t'a été donné pour toujours : il a gravé ton nom sur les paumes de ses mains. Que Son Nom reste écrit sur ton front et posé sur ton cœur. Par ce caractère ineffaçable, tu es marqué par Dieu, greffé en Christ, fondé en lui, crucifié avec lui et habité par lui. Ayant été ainsi saisi, tu ne dois t'en dessaisir. Ayant mis la main à la charrue, tu ne dois retourner en arrière. Que ta vie soit donc attachée à Jésus Christ. Si tu tiens ferme, avec lui tu vivras, car même dans tes infidélités, il demeurera fidèle[1].

Ta stabilité monastique est donc d'abord pour toi cette stabilité baptismale. Souviens-toi tou-
1 Co 1, 22 jours de Jésus Christ. Tu as été marqué d'un sceau
Ep 1,13 indélébile par l'Esprit de la Promesse.

172 La stabilité est aussi le fait de ton état d'âme. Le
propre de la moniale ou du moine, c'est la
Mt 10, 22 constance, la persévérance, la durée dans les
Ap 2,19 2 P 1,5-7 épreuves, la ténacité dans les combats. Quand tu
auras un peu souffert, le Dieu de toute grâce te
rétablira lui-même, t'affermira, te fortifiera, te
1 P 5, 10 rendra inébranlable. C'est dans cette fermeté d'es-
pérance et de foi que se construit la stabilité véri-
dique. Vise à l'égalité d'humeur, dans les vicissi-
Si 2, 4 tudes sois patient, sois calme et vis tranquille.
Que tout en toi jusque dans ta manière d'être, de parler ou de marcher, traduise un homme ou une femme nerveusement et affectivement en place. Dans les hauts et les bas, garde un fond de sérénité. Sans enthousiasme exubérant, sans abattement excessif, sois stable. Stable dans ton âme ; stable dans ta foi ; stable dans tes choix ; stable
Ps 61, 6-8 dans ton amour de Dieu.

Si tu vis cela, tu sauras découvrir aussi le sens de la stabilité monastique. À Jérusalem, elle ne sera guère d'ordre géographique puisque les Fraternités n'y sont normalement propriétaires de

1. Références bibliques de ce paragraphe, successivement : Rm 6, 10 ; Ps 116, 2 ; 1 Co 1, 9 ; 1 Jn 1, 3 ; Jr 3, 12 ; Is 54, 10 ; Is 49, 16 ; Dt 6, 6-8 ; 2 Co 1, 22 ; Rm 11, 17 ; 1 Co 3, 11 ; Ga 6, 14 ; Ga 2, 20 ; Ph 3, 13 ; Lc 9, 62 ; 2 Tm 2, 11 ; 2 Tm 2, 13.

rien. Mais elle est dans la présence fidèle au monastère, dans ton effort pour y demeurer en cellule, ton refus de vouloir toujours aller ici ou là. Ep 4, 14
Heureux ceux qui ne rêvent plus d'un autrement ou d'un ailleurs, et se mettent à pousser de vraies Ps 1
racines. Alors seulement, ils portent du fruit. Jn 15, 4-5

173

La stabilité est plus encore dans la fidélité de ton engagement à l'idéal monastique. Dans ton obéissance à tout ce qui te sera demandé. Elle est dans ton attachement à la Famille monastique à laquelle tu appartiens spirituellement et canoniquement. À ce Livre de Vie que tu lis et que tu vis. Elle est dans ton attachement foncier à Jérusalem tel qu'il est aujourd'hui et tel qu'il deviendra demain ; dans la fidélité à la communauté qui t'accueille, te désigne, t'envoie ; dans la confiance accordée à tes prieurs ou responsables ; dans la parole donnée une fois pour toutes.

Par ta profession perpétuelle, tu t'attaches à ta Fraternité pour toujours, faisant par là acte d'humilité, car tu n'as pas à conquérir le monde ; acte de foi, car ton vrai pèlerinage est vers le lieu du cœur ; acte d'amour, car tu lies ainsi ta vie à celle de tes frères, pour courir avec eux vers le même idéal de sainteté. Une fois cet engagement pris, sache qu'il te lie jusqu'à la mort [2]. Car c'est un engagement d'amour qui se célèbre entre la Fraternité et toi, à la façon des épousailles pour qui l'amour est plus fort que la mort ; les grandes eaux ne peuvent l'éteindre ni les fleuves le submerger. Ct 8, 6-7

Porter du fruit dans la persévérance.
Ne pas se lasser de s'émerveiller de Dieu.

---

2. GR 14, p. 79 ; 36, p. 119.

Témoigner de la puissance de la fidélité.
Et que ce soit ta Gloire, Seigneur,
que ma faiblesse à ton service tienne bon ![3]

174 Une des composantes constitutives de Jérusalem est aussi l'œcuménisme. Le nom que tu portes te rappelle que le Christ est mort près de la Ville
Jn 11, 52 sainte pour le salut et l'unité de tous, et que ta vie, à sa suite, frère et sœur de Jérusalem, doit garder la même passion de l'unité.

Le moine est un être qui cherche avant tout à s'unifier. Vis l'œcuménisme au cœur de ta propre vie : l'homme unifié est unifiant. Vis l'œcuménisme au sein de ta propre communauté : par l'ac-
Rm 12, 6-8 ceptation joyeuse et constructive de ses diversités. Vis l'œcuménisme dans le cadre de toute la chrétienté afin que deviennent de plus en plus frères tous les disciples du Christ qui demeurent encore séparés. L'œcuménisme le plus efficace est celui de la prière.

Veille à garder aussi en ton cœur un vrai souci de communion avec tous les fils d'Abraham, juifs et musulmans, qui sont, comme toi, des adorateurs de l'unique Dieu et pour qui Jérusalem est également une Ville sainte. Ne crains pas de prier tout au long de ta vie pour qu'un jour il n'y ait
Jn 10, 16 plus qu'un seul troupeau et un seul berger. Et que ce qui fut la grande passion du Christ passionne aussi ta vie monastique ! Pour toi il se consacre lui-même afin que tu sois, toi aussi, consacré en
Jn 17, 19 vérité. Seule l'unité des fils de Dieu dira au
Jn 17, 23 monde le Mystère du vrai Dieu.

---

3. GUILLAUME DE SAINT-THIERRY, *Oraisons méditatives* ; trad. Dom Jacques Hourtier, SC 324, 1985, p. 227.

« Jérusalem, bâtie comme une ville
où tout ensemble fait corps,
c'est là que montent les tribus,
les tribus du Seigneur.» Ps 121, 3-4

Les croyants ne sont jamais tant unis que lorsqu'ils sont adorateurs au cœur du même Dieu ; Mt 23, 8-9 lorsqu'ils se reconnaissent frères parce qu'ils se voient fils du même Père. Garde inlassablement au cœur ce cri de la dernière prière de Jésus faite au milieu de la Ville sainte : « Que tous soient un ! » Jn 17, 21

Les Fraternités de Jérusalem sont composées de moines et de moniales portant le même nom, vivant du même esprit, suivant le même Livre de Vie. Dieu permet ainsi un double témoignage de pureté et d'amitié, et chacune des Fraternités s'en trouve enrichie d'une grâce de complémentarité. Leur vocation est commune. 175

Souviens-toi cependant qu'en aucun cas, ni jamais, il ne saurait s'agir ici d'un monachisme mixte. Un tel rêve ne pourrait être qu'utopique. Moines et moniales gardent leur autonomie, leur gouvernement propre, leur habitation séparée, se construisent dans le respect de leur charismes mutuels et sans interférence aucune au plan du discernement des vocations, du rythme de vie quotidienne. Les moniales ont leur prieure générale. Les moines ont leur prieur général. Que celle-ci garde son autonomie ; que celui-ci garde son indépendance. Mieux seront définies et respectées leurs prérogatives propres, meilleure sera leur entente, plus forte leur unité.

Entre cénobites et ermites, que soient également bien respectés les autonomies et les charismes.

176 Un lien très vivant de communion s'établit entre frères et sœurs à travers la célébration quotidienne de l'Eucharistie et le partage du même enseignement doctrinal. N'est-ce pas là l'essentiel ? Guidés par la même Parole, nourris du même Corps, portant le même nom et vivant du même idéal spirituel, frères et sœurs deviennent alors les
Mt 19, 12 témoins paisibles et joyeux du Royaume qui vient.

Il te faudra toujours faire preuve d'ouverture et de compréhension pour accepter ce cheminement parallèle, à la fois proche et indépendant. Ce n'est jamais d'emblée que l'on arrive à coïncider, que l'on accepte de se laisser contester. Mais si tu sais accepter, vivre et aimer ce que Dieu t'a ainsi donné, tu trouveras dans cette complémentarité motif à te réjouir, te convertir, évangéliser au dehors et te sanctifier au dedans. Tu porteras par là au monde, humblement, joyeusement, un double témoignage de pureté et d'amitié.

Remercie chaque jour le Seigneur de la grâce ainsi accordée à Jérusalem. Oui, ce mystère est grand : je veux dire qu'il s'applique au Christ et à l'Église[4].

177 C'est à la Bienheureuse Vierge Marie que nos Fraternités se sont plus spécialement consacrées. C'est vers elle que tu dois pouvoir, chaque jour, te tourner.

Vierge, épouse et mère, elle t'apprendra le secret de la nuptialité, le sens de la virginité, le comment de ta paternité et même le secret de la tendresse maternelle.

---

4. Références bibliques de ce paragraphe, successivement : Is 60, 4 ; Jl 3 ; Ps 44 ; So 3, 14-18 ; Za 9, 9 ; 9, 16-17 ; Ep 5, 32 ; Ac 1, 13-14 ; Lc 8, 1-3.

Parce qu'elle est la mère du Bel Amour, elle t'aidera à aimer.

Parce qu'elle est la lumière de la prière, elle t'aidera à prier.

Parce qu'elle goûte le mystère du silence, elle t'introduira à son secret.

Parce qu'elle t'aime, toi aussi, sache l'aimer.

Avec Marie, fais tout ce qu'il te dira et, comme Jn 2, 5
elle, réjouis-toi ! C'est Marie qui conduit la route de l'actuelle Jérusalem vers la nouvelle Jérusalem.

Jérusalem, regarde vers l'Orient et vois la joie
qui te vient de Dieu. Ba 4, 36

Je me lèverai donc et parcourrai la ville : avez-
vous vu celui que mon cœur aime ? Ct 3, 2

Je vis la cité sainte, la Jérusalem nouvelle, qui descendait du ciel, belle comme une jeune mariée
parée pour son époux. Ap 21, 2

Prie beaucoup la sainte, miséricordieuse et immaculée Mère de notre Dieu.

À Bethléem, Marie t'a donné le Dieu éternel devenu petit enfant. Au pied de la croix, elle est restée auprès du Fils mourant pour toi. C'est dans Jérusalem qu'elle te révélera le vrai visage de l'Emmanuel.

15. Joie

La joie nous est donnée pour que nous puissions 178
en vivre et en témoigner. Nous devons donc nous
efforcer de l'accueillir et la laisser rayonner.

Dieu est Joie : Devant ta face, plénitude de joie,
et à ta droite, délices éternelles. Étant fils de Dieu, Ps 15, 11
nous sommes donc fils de la joie : En lui la joie de
notre cœur, en son nom de sainteté, notre foi. Ps 32, 21
Ainsi, chacun de nous est-il engendré par sa joie
et promis à son allégresse. Is 35, 1.10

Ce qui fonde notre joie, c'est d'abord la
tendresse du Père qui ne veut pas la mort du
pécheur mais qu'il se convertisse et qu'il vive, et Ez 18, 32
convie tout le monde à festoyer et à se réjouir pour Lc 15, 23-24
peu que nous revenions à lui. Sois donc dans la
joie à la pensée de cette Présence aimante et
pardonnante qui te fait lui chanter : « Toi qui fus
mon secours, je jubile à l'ombre de tes ailes. » Ps 62, 8

Ce qui soutient notre joie, c'est ensuite la 179
présence du Christ qui demeure avec nous jusqu'à
la fin du monde. Sans l'avoir vu nous l'aimons, Jn 16, 33
sans le voir nous croyons et nous exultons d'une
joie indicible et pleine de gloire, sûrs d'obtenir
par lui le salut de nos âmes. Celui qui est venu I P 1, 8-9
nous annoncer la Bonne Nouvelle nous a révélé Mc 1, 15
son amour pour que sa joie soit en nous et que

Jn 15, 11 notre joie soit parfaite, et qu'ainsi nous ayons en
Jn 17, 13 nous-mêmes la plénitude de sa joie. Demeure en
cette allégresse du Christ qui chemine à tes côtés,
Jn 16, 22 porteur pour toi d'une joie que nul ne peut ravir.
Ct 1, 4 Comme tu as raison de l'aimer !

Ce qui affermira enfin notre joie, c'est la grâce de l'Esprit Saint qui est lui-même jubilation d'allégresse au sein de la Trinité. Il est porteur de joie, rayonnement de joie. Il est la joie. La vraie joie.

Rm 14, 17 Car il y a la joie de l'Esprit Saint. Capable de
nous réjouir jusqu'à l'ivresse. Or cet Esprit nous a
Ac 2, 15 ; Is 29, 9 été donné, qui nous comble de tous ses biens, dont
le premier est, après l'amour, la joie. Ne contriste
Ga 5, 22 pas en toi l'Esprit Saint en t'adonnant à la tristesse
2 Co 7, 10 du monde. Fils du Père, ami du Christ, porteur de
l'Esprit, sois donc vivant de la joie de Dieu.

180 La vie fraternelle qui fait de la communauté
rassemblée en son nom un signe vivant de sa
Présence, devient à son tour source et rayonnement de joie. Voyez qu'il est bon, qu'il est doux
Ps 132, 1 de vivre en frères et sœurs tous ensemble.
L'amour épanouit, la confiance mutuelle pacifie, la vie commune réjouit. Tel est le rayonnement de la Présence trinitaire que Dieu et les hommes attendent de nous ainsi qu'il est écrit : « Réjouissez-vous sans cesse dans le Seigneur, oui, réjouissez-vous. Votre sérénité dans la vie doit frapper tous les regards. Le Seigneur est
Ph 4, 4-6 proche. N'entretenez aucun souci. »

En vivant dans l'amour, provoque en chacun de tes frères ou sœurs et en toi l'éclosion de la joie. Deviens avec eux, par le rayonnement de la joie
Jn 15, 11 communautaire, le signe de la présence de Dieu
qui veut te renouveler par son Amour et danser

pour toi avec des cris de joie comme au jour de
fête. Rien n'attriste autant que discorde, suspi- So 3, 17
cion, murmures, jalousies. Par contre, le pardon, Col 3, 13-14
l'entraide, la compassion, l'humilité sont source
d'allégresse. Pour vivre dans la joie, vivons donc
dans l'unité en mettant le comble à la joie par
l'accord de nos sentiments. Demandons chaque Ph 2, 2
jour pour chaque membre de la communauté la
grâce de la joie. Demandez et vous recevrez, et
votre joie sera parfaite. Jn 16, 24

N'oublie pas pour autant que la joie est fille du 181
sacrifice.

La vraie joie naît de l'effort, de l'épreuve, de la
souffrance, tout comme l'allégresse de Pâques a
jailli de la croix. Tenez donc pour une joie suprême,
mes frères, d'être en butte à toutes sortes
d'épreuves. Dans les difficultés, les insultes, les Jc 1, 2
contrariétés, les persécutions, réjouissez-vous car
votre récompense est grande dans les cieux. Il n'y Mt 5, 12
a pas de joie profonde sans ascèse et sans partici-
pation active à la croix de Jésus. 1 Co 2, 2 ; Ga 6, 14

Dans la mesure où vous participez aux souf-
frances du Christ, réjouissez-vous afin que, lors
de la révélation de sa Gloire, vous soyez aussi
dans la joie et l'allégresse. Le jeûne, la chasteté, 1 P 4, 13
les veilles, le pardon des offenses, sont autant
d'attitudes du cœur, de l'esprit et du corps qui
réjouissent l'âme. Et pour l'homme au cœur droit,
la joie. Ps 96, 11

Même si tout châtiment de Dieu n'est pas
d'abord sujet de joie, l'ascèse, au terme, débouche He 12, 11
toujours sur la sérénité. Au soir, les larmes, au
matin, les cris de joie. Pour moi tu as changé le Ps 29, 6
deuil en une danse, tu dénouas mon sac et me

Ps 29, 12 ceignis d'allégresse. Livre-toi à l'ascèse, et tu
connaîtras la joie parfaite.

Présente ton épaule au fardeau de la discipline,
ne sois pas impatient de ses liens, car à la fin, tu
Si 6, 25-28 trouveras en elle le repos et, pour toi, elle se
changera en joie. Si tu peux dire un jour, toi aussi,
que tu ne te recherches plus, tu mèneras la vie la
plus heureuse que l'on puisse voir. Car toute ta vie
sera tendue dans l'espérance du vrai bonheur.
Pr 10, 28 Comme il est dit, l'attente des justes n'est que joie.

182 La perspective finale de la béatitude qui nous
sera donnée doit chaque jour éclairer notre vie et
soutenir notre combat. Il est bon de pouvoir se
redire souvent, avec saint Paul, que les souf-
frances du temps présent ne sont pas à comparer à
Rm 8, 18 la gloire qui doit se révéler en nous, et que la
légère tribulation d'un moment nous prépare, bien
2 Co 4, 17 au-delà de toute mesure, une masse éternelle de
gloire. Toute notre vie est une marche vers un
bonheur d'éternité ! Un jour nous arriverons tous
à Sion hurlant de joie, une béatitude éternelle
Is 35, 10 transfigurant notre visage, dans l'accompagne-
ment de l'allégresse et de la joie. Comment notre
vie monastique, tendue vers la certitude de cette
rencontre de Dieu et voulant anticiper ce jour, ne
chanterait-elle pas sur sa route quotidienne
comme le psalmiste montant à Jérusalem : « Ô ma
Ps 121, 1 joie quand on m'a dit : Allons à la maison du
Seigneur ! »

Vivons donc selon la promesse de Dieu :
« Qu'on soit dans la jubilation et qu'on se réjouisse
de siècles en siècles de ce que je vais créer
Jérusalem-Joie et son peuple-allégresse. Oui, je
Is 65, 18-19 me réjouirai de Jérusalem et je serai joyeux de
mon Peuple. »

Courage, Jérusalem, il te consolera, celui qui t'a donné un nom. Ba 4, 30

Jérusalem, regarde vers l'Orient et vois la joie qui te vient de Dieu. Ba 4, 36

Le *Livre de Vie de Jérusalem*
est actuellement traduit en :

allemand	Herder, Fribourg im Breisgau, 2000
anglais	Darton, Longmann & Todd, London, 1985 ; nouvelle traduction : Saint-Pauls, Manila, 1994
arabe	Patriarcat Grec Melchite, Beyrouth, 1994
bulgare	Sofia, 1997
catalan	Fundacio Catalunya Cristiana, Barcelone, 1991
croate	Teovizija, Zagreb, 1996
espagnol	Verbo Divino, Estella, 1982 ; rééd. 1998
hongrois	Bences Kiodo, Pannonhalma, 1992
italien	Piemme, Casa Monferrato, 1987 ; San Paolo, Milano, 2005
japonais	Saint-Paul, 1984
néerlandais	Patmos, Anvers, 1985 ; Lannoo, Tielt, 2005
polonais	Marionow, Varsovie, 1989 Apostolicum, Zabki, 2012
portugais	A.O., Braga, 1989
roumain	Presa Buna, Iasi, 1993
tchèque	Kartuziánské nakladatelství, Brno, 2013
russe	Nayka, Moscou, 1992
vietnamien	(reprographie) Paris, 1988

Pierre-Marie Delfieux

fondateur des Fraternités de Jérusalem

(1934-2013)

Pierre Delfieux naît le 4 décembre 1934, à Campuac (Aveyron), dans une famille chrétienne de six enfants dont il est le troisième. La maison familiale se trouve sur la place du village, en face de l'église où il fait sa première communion à 6 ans. À partir de ce jour, dit-il, il s'est nourri chaque jour de l'Eucharistie. Chaque matin, il va servir la messe avant d'aller à l'école communale. Il s'y montre bon élève puisqu'un jour le maître lui remet, en guise de prix, un livre racontant « la vie d'un officier qui est devenu curé ». Le jeune Pierre est fasciné par le visage de l'homme, sur la couverture, et le cœur rouge brodé sur sa poitrine. C'est le début d'une longue amitié avec Charles de Foucauld.

À son entrée en 6e, à 11 ans, il part comme interne au Collège de l'Immaculée Conception, à Espalion, où il a comme condisciple Georges Soubrier, le futur évêque de Nantes. Il y est assidu aux études, mais aussi au football. L'année de sa terminale, une retraite dans un centre marial s'avère décisive : il prend conscience de l'amour dont il est aimé, et choisit de répondre à l'appel qu'il a entendu lors de sa première communion.

Après son baccalauréat, il entre au Grand Séminaire de Rodez. Il est envoyé pour finir sa théologie à l'Institut Catholique de Toulouse, puis pour des études de philosophie et de sciences sociales, à Paris, à la Sorbonne. Après deux ans de service militaire, qu'il effectue dans la coopération à Madagascar, où il est enseignant dans un collège de jésuites, il est ordonné prêtre dans la cathédrale de Rodez, le 29 juin 1961. Il reste quelques années à Rodez comme vicaire de la cathédrale.

En 1965, il intègre, à la demande du futur Cardinal Lustiger qui la dirige, l'équipe d'aumôniers d'étudiants du Centre Richelieu, pépinière de futurs évêques, où il côtoie Jacques Perrier, Francis Deniau, Guy Gaucher... Il est plus spécialement chargé des étudiants en langues qui ont, à l'époque, leurs cours au Grand-Palais. La vie de l'aumônerie est intense et les initiatives nombreuses. Mgr Gaucher se souvient d'un week-end d'étudiants, organisé par le P. Delfieux pour les anglicistes, qui, avec 600 étudiants, battit tous les records de participation !

Des pèlerinages sont organisés, à Chartres bien sûr, mais aussi en Italie, Espagne, Terre Sainte... Le P. Delfieux y découvre l'importance que peut avoir pour la vie de foi, un pèlerinage sur les pas de Jésus ; très attaché à cette terre, il continuera d'y guider régulièrement des pèlerinages pour les frères et sœurs de Jérusalem et les laïcs proches des Fraternités, le dernier en avril 2012, alors qu'il est déjà malade. En ces années soixante, il découvre aussi le désert et devient, au Centre Richelieu, le spécialiste des méharées au Sahara, vers Tamanrasset et les lieux habités par le P. de Foucauld.

Aussi quand, au bout de sept ans de cet apostolat, marqué par les bouleversements introduits par Mai 68, lui est proposé de prendre une année sabbatique, il ne résiste pas à l'appel du désert et part d'abord à Béni-Abbès, dans la communauté des Petits frères de Jésus, puis à l'Assekrem, dans le massif du Hoggar. Sur ce plateau rocailleux, à près de 3.000 m d'altitude, frère Charles s'était fait construire un ermitage où il a lui-même peu séjourné mais où habite toujours un Petit frère. Le P. Delfieux construit de ses mains, à l'autre bout du plateau, un autre ermitage, auquel il donne le nom de Bethléem ; il va y passer une année, puis une seconde, avec la seule compagnie du frère Jean-Marie le dimanche, des pierres et des étoiles le reste du temps. Avec, dit-il, ce qui suffit : la Bible et le Saint-Sacrement.

Mais touristes et pèlerins viennent parfois jusqu'à l'Assekrem apporter les bruits du monde. Un jour, c'est un prêtre ami à qui le P. Delfieux pense avoir remonté le moral, mais qui quitte peu après le sacerdoce. Un autre jour, c'est frère Jean-Marie qui lui montre une coupure de journal : le Cardinal Marty y fait part de son souhait de voir naître à Paris des « *moines de l'an 2000* ». Peu à peu s'organisent en lui ce qui n'étaient encore que des aspirations : mener une vie fraternelle, dans le partage de la liturgie, pour l'annonce de l'Évangile ; et une conviction s'impose : le vrai désert aujourd'hui se trouve dans les villes, c'est là qu'il faut aller creuser des oasis de prière. Sa décision est prise : en juin 1974, il quitte l'Assekrem et va confier au Cardinal Marty, rouergat d'origine comme lui et, à ce moment-là, archevêque de Paris, son désir : devenir moine dans la ville.

Ce désir rencontrant l'intuition du Cardinal, la fondation peut naître. Une église lui est confiée dans le centre de Paris, pour y établir la future fraternité : ce sera Saint-Gervais, proche de l'Hôtel de Ville et du quartier des Halles en pleine rénovation. Pendant une année, le P. Delfieux précise son projet et rassemble ses premiers compagnons. D'emblée l'essentiel est posé : une vie fidèle aux grandes exigences monastiques et professant les trois vœux de chasteté, pauvreté et obéissance ; mais adaptée en sa forme concrète, aux réalités de l'Église post-conciliaire et du monde contemporain. L'accent est mis sur la prière personnelle et communautaire, avec d'amples liturgies chantées dans une église ouverte à tous. La vie fraternelle est fondamentale, mais elle se vit en ville, dans des appartements ou des maisons loués, sans que la Fraternité puisse acquérir de propriétés. Le travail, nécessaire pour gagner son pain, se veut aussi solidaire des contraintes vécues par les citadins : il se vit, à mi-temps, de préférence, comme salarié. Les frères veulent ainsi se situer en solidarité avec les citadins qui les entourent, mais aussi en contestation, pour affirmer le primat de l'amour et de la prière.

La première liturgie est chantée par une douzaine de frères, dans l'église Saint-Gervais, le 1er novembre 1975, fête de Toussaint. La feuille expliquant le projet justifie le choix de cette date : « *Notre aventure sera celle de la sainteté, ou elle ne sera pas* ». Dès lors, la vie du P. Delfieux, devenu frère Pierre-Marie, se confond avec celle de la Fraternité qu'il guide et anime inlassablement.

Une fraternité de moniales naît à son tour, le 8 décembre 1976. Même si frères et sœurs chantent ensemble toutes les liturgies, dès le départ les logements et les gouvernements des deux Fraternités sont bien distincts. Les vocations affluent, pas toujours bien mûries en ces premiers temps où le projet commence juste à se préciser et à s'approfondir. Une étape décisive est franchie en 1978 où les Fraternités reçoivent le nom de *Jérusalem*, la ville sainte de l'Écriture qui est aussi la ville où le Christ est mort et ressuscité, où sont nées les premières communautés chrétiennes et la ville qui sera, selon l'Apocalypse, notre demeure d'éternité. Frère Pierre-Marie met alors par écrit le tracé spirituel des Fraternités, fondé sur sa méditation de la Bible et sur l'expérience déjà accumulée. Sous le titre *Livre de Vie de Jérusalem*, il est publié aux Éditions du Cerf et rapidement traduit en une vingtaine de langues.

Après le temps des découvertes et des tâtonnements – dont une première fondation à Marseille, en 1979, à la demande du Cardinal Etchegaray, qui ne peut tenir –, vient, à partir des années 90, le temps des fondations, alors que les Fraternités comptent déjà une centaine de frères et sœurs. Les fondations sont toujours faites à la demande de l'évêque du diocèse dont les Fraternités veulent dépendre, selon l'ecclésiologie née de Vatican II. Ce sont toujours une Fraternité de frères et une Fraternité de sœurs qui sont envoyées en même temps : en 1993, à Vézelay, « ville en itinérance » où passent des centaines de milliers de visiteurs et pèlerins ; puis à Strasbourg, en 1995 ; à Florence, première fondation hors de France, en 1998. Les premières années du XXIe siècle voient ce rythme s'accélérer : en 2001 naissent les Fraternités du Mont-Saint-Michel et de Bruxelles ; en 2004, la première Fraternité outre-Atlantique est établie à Montréal ; en 2006, les Fraternités sont appelées sur le domaine de la Trinité-des-Monts, à Rome ; enfin en 2009, à Cologne et en 2010, à Varsovie. Cette internationalisation, qui n'avait pas été prévue au départ, s'explique par le fait que les presque 200 frères et sœurs, que comptent actuellement les Fraternités, sont originaires d'une vingtaine de pays différents.

Frère Pierre-Marie impulse et suit de près ces diverses fondations. Il est très attentif en particulier à l'aménagement des églises où vont se dérouler les liturgies et au cadre qu'il désire sobre, mais toujours empreint de beauté. Il travaille ainsi beaucoup à l'embellissement de Saint-Gervais et est à l'origine du programme de création de vitraux qui se poursuit depuis une vingtaine d'années. L'église confiée aux Fraternités à Varsovie n'ayant jamais servi au culte, il conçoit et supervise son aménagement, du pavage à l'éclairage, en passant par le mobilier.

Un autre édifice, juridique celui-là, retient aussi son attention. L'Église a soutenu dès le départ la fondation en confiant aux Fraternités l'église Saint-Gervais et en les appelant en d'autres lieux. Au terme d'un long processus de rédaction et d'approbation par la Congrégation pour les Instituts de Vie consacrée, les Constitutions des Fraternités monastiques de Jérusalem sont définitivement approuvées par le Cardinal Jean-Marie Lustiger, le 31 mai 1996. Les Fraternités sont érigées en Instituts (l'Institut des Frères de Jérusalem et l'Institut des Sœurs de Jérusalem) de Vie consacrée d'inspiration monastique. Aux élections qui suivent cette reconnaissance canonique, frère Pierre-Marie est élu prieur général ; il est réélu pour un second mandat en 2003.

Il poursuit une activité intense : prédication plusieurs fois par semaine et permanences au bureau d'accueil de l'église, lorsqu'il est à Paris ; visite aux diverses Fraternités, de plus en plus éparpillées dans le monde ; conférences à l'extérieur, et enseignements à l'intérieur, pour les frères et sœurs, mais aussi pour les nombreux groupes de laïcs qui se rassemblent autour d'eux… Il dirige *Sources Vives*, la revue des Fraternités, où il rédige de nombreux articles. Il publie plusieurs recueils d'homélies rassemblées sous le titre d'*Évangéliques* et un essai synthétisant l'expérience des Fraternités : *Moine au cœur de la ville* (Bayard, 2003).

À la fin de son second mandat, conformément aux Constitutions, un nouveau prieur général des Frères de Jérusalem est élu : frère Jean-Christophe Calmon (sœur Violaine Divry étant élue en 2010 prieure générale des Sœurs de Jérusalem). Bien que malade depuis la fin de 2011, frère Pierre-Marie continue à soutenir et encourager les différentes Fraternités, en les visitant, à prêcher et à enseigner.

Il est décédé dans la maison de Magdala, en Sologne, où il s'était retiré, le 21 février 2013.

TABLE DES MATIÈRES

Pour mieux connaître le charisme
et la vie des Fraternités de Jérusalem,
méditer la Parole de Dieu dans l'esprit du Livre de Vie
(homélies, podcasts des offices, retraites en ligne),
trouver les horaires des liturgies monastiques
et des rencontres proposées
dans les différentes fondations,

rendez-vous sur le portail internet
des Fraternités de Jérusalem :

jerusalem.cef.fr

FRATERNITÉS MONASTIQUES DE JÉRUSALEM
Secrétariat général :
13, rue des Barres
F - 75004 Paris
Tél : +33(0)1 48 87 32 02
contact@jerusalem.cef.fr

Dépôt légal : janvier 2014

N° impression : 104575

Imprimé par Corlet Numérique